18. Wissenschaftliche Plenarsitzung

Die Kommune als Partner der Raumordnung und Landesplanung

CIP-Kurztitelaufnahme der Deutschen Bibliothek

Die Kommune als Partner der Raumordnung und Landesplanung: Grußworte, Referate und Diskussion anläßlich der wissenschaftlichen Plenarsitzung 1979 in Augsburg. — Hannover: Schroedel, 1980.

(Veröffentlichungen der Akademie für Raumforschung und Landesplanung: Forschungs- und Sitzungsberichte; Bd. 135: Wissenschaftliche Plenarsitzung; 18)
ISBN 3-507-91705-X

Best.-Nr. 91705
ISBN 3-507-91705-x
ISSN 0344-0311

Alle Rechte vorbehalten · Hermann Schroedel Verlag KG Hannover · 1980
Gesamtherstellung: Richard Petersen GmbH Druckerei und Verlag, Hannover
Auslieferung durch den Verlag

VERÖFFENTLICHUNGEN
DER AKADEMIE FÜR RAUMFORSCHUNG UND LANDESPLANUNG

Forschungs- und Sitzungsberichte
Band 135
18. Wissenschaftliche Plenarsitzung

Die Kommune als Partner der Raumordnung und Landesplanung

Grußworte, Referate und Diskussion
anläßlich der Wissenschaftlichen Plenarsitzung 1979
in Augsburg

HERMANN SCHROEDEL VERLAG KG · HANNOVER · 1980

INHALTSVERZEICHNIS

	Seite
Zum Geleit	1
Begrüßung und Einführung durch den Präsidenten der Akademie für Raumforschung und Landesplanung, Ministerialdirigent a. D. Dr. Klaus Mayer, München	3
Grußworte im Namen der Bayerischen Staatsregierung durch den Stellvertretenden Ministerpräsidenten und Staatsminister der Justiz, Dr. Karl Hillermeier, München	4
Grußworte im Namen der Stadt Augsburg durch Bürgermeister Dr. Ludwig Kotter, Augsburg	6
Grußworte im Namen des Bundesministers für Raumordnung, Bauwesen und Städtebau durch Ministerialdirigent Dr. Hans Pflaumer, Bonn-Bad Godesberg	7
Grußworte im Namen des Bayerischen Staatsministers für Landesentwicklung und Umweltfragen durch Ministerialdirektor Dr. Ludwig Heigl, München	9
Grußworte im Namen der ausländischen Korrespondierenden Mitglieder der Akademie für Raumforschung und Landesplanung durch Professor Dr. Martin Lendi, Zürich	11

Referate

Professor Dr. Walter Schmitt Glaeser, Bayreuth Die kommunale Landschaft nach den Gebietsreformen und ihre Folgewirkungen für die Raumordnung und Landesplanung	13
Professor Dr. Hermann Korte, Bochum Funktionswandel, bürgerschaftliches Engagement und Identifikationsmöglichkeiten im kommunalen Raum	43
Professor Dr. Arthur Bloch, Dortmund Aktuelle Berührungspunkte zwischen den Kommunen und der Raumordnung/Landesplanung	51
Ministerialdirigent Dr. Werner Buchner, München Stellenwert und Wirkungsmöglichkeiten der Kommunen in der Raumordnung und Landesplanung	59

Diskussion
Leitung: Beigeordneter Dr. Hans-Jürgen von der Heide, Bonn

I. Einführung
Beigeordneter Dr. Hans-Jürgen von der Heide, Bonn 67

II. Diskussionsbemerkungen
Professor Dipl.-Ing. Heinz Weyl, Hannover 69
Beigeordneter Hans-Georg Lange, Köln 70
Beigeordneter Dr. Hans-Jürgen von der Heide, Bonn 71
Ministerialdirigent Dr. Günter Brenken, Mainz 72
Professor Dr. Gerhard Oberbeck, Hamburg 73
Professor Dr. Günter Endruweit, Bochum 74
Professor Dr. Arthur Bloch, Dortmund 75
Beigeordneter Dr. Hans-Jürgen von der Heide, Bonn 75
Beigeordneter Hans-Georg Lange, Köln 76
Ministerialdirigent Dr. Joachim Gadegast, Düsseldorf 76
Staatssekretär a. D. Professor Dr. Werner Ernst, Münster 76
Beigeordneter Dr. Hans-Jürgen von der Heide, Bonn 77
Ltd. Ministerialrat Dr. Herbert Schirrmacher, Wiesbaden 77
Beigeordneter Hans-Georg Lange, Köln 78
Professor Dr. Gerhard Oberbeck, Hamburg 79
Ministerialdirigent Dr. Werner Buchner, München 80
Professor Dr. Peter C. Dienel, Wuppertal 81
Ministerialdirigent Dr. Joachim Gadegast, Düsseldorf 82
Dr. Günter Brehmer, Bonn 82
Ministerialdirigent Dr. Werner Buchner, München 83
Beigeordneter Hans-Georg Lange, Köln 84
Professor Dipl.-Ing. Heinz Weyl, Hannover 85
Oberbaudirektor Dr. Klaus Fischer, Mannheim 86
Professor Dr. Winfried Brohm, Konstanz 87
Ministerialdirigent Dr. Günter Brenken, Mainz 89
Professor Dr. Arthur Bloch, Dortmund 89
Ministerialdirigent Dr. Werner Buchner, München 89
Verbandsdirektor Otto Goedecke, München 91
Dr. Norbert Böhm, Viernheim 92
Ministerialdirigent Dr. Werner Buchner, München 93

III. Zusammenfassung
Beigeordneter Dr. Hans-Jürgen von der Heide, Bonn 94

Schlußwort des Präsidenten der Akademie für Raumforschung
und Landesplanung,
Ministerialdirigent a. D. Dr. Klaus Mayer, München 95

Zum Geleit

Die Gebietsreformen der letzten beiden Jahrzehnte sowie die damit verbundenen Funktionsverlagerungen haben die kommunale Landschaft in Stadt und Land nachhaltig verwandelt und damit auch das gegenseitige Verhältnis von Raumordnung, Landesplanung, Regionalplanung und Bauleitplanung verändert. Es sind neue Rahmenbedingungen, vor allem für die Regionalplanung und die Landesplanung, geschaffen worden. Dies zwingt beide Seiten dazu, die neuen Positionen zu überdenken. Nachdem die Integration innerhalb der neuen kommunalen Gebietskörperschaften weitgehend abgeschlossen ist und die kommunale Planung im neuen Gebietsraster beginnt, gewinnt dieser Zusammenhang an Aktualität und Gewicht.

Die Akademie wollte mit dem Generalthema dieser wissenschaftlichen Veranstaltung für die räumliche Planung und die kommunale Entwicklung Hilfe leisten und Anregungen vermitteln.

Die Teilnahme und das Interesse am Thema waren sehr groß. So waren Vertreter der Politik, der Planungspraxis und der Wissenschaft aus dem In- und Ausland der Einladung nach Augsburg gefolgt.

Die Akademie dankt an dieser Stelle noch einmal den Begrüßungsrednern, den Referenten und dem Diskussionsleiter. Nicht zuletzt gilt der Dank dem Haus St. Ulrich für die vorzügliche Gastfreundschaft und Betreuung und für die Bereitstellung der architektonisch wie technisch beeindruckenden Räumlichkeiten. Dank gilt aber in besonderem Maße allen Teilnehmern der Tagung für ihre überaus rege und konstruktive Mitarbeit in der Diskussion.

Erstmalig im Rahmen einer Wissenschaftlichen Plenarsitzung war Gelegenheit, aktuelle Probleme der Planungspraxis, -wissenschaft und -technik durch eine umfassende Ausstellung einer breiten Öffentlichkeit näher zu bringen.

Die Akademie dankt dem Bayerischen Ministerium für Landesentwicklung und Umweltfragen für die vortreffliche Darbietung raumordnerischer und landesplanerischer Aktivitäten und insbesondere dafür, daß der Akademie die Möglichkeit geboten wurde, ihre aktuellen Forschungstätigkeiten im Rahmen der Ausstellung zeigen zu können.

Begrüßung und Einführung durch den Präsidenten der Akademie für Raumforschung und Landesplanung, Ministerialdirigent a. D. Dr. Klaus Mayer, München

Meine Damen und Herren!

Ich eröffne die heutige 18. Wissenschaftliche Plenarsitzung der Akademie für Raumforschung und Landesplanung und begrüße Sie sehr herzlich. Das Präsidium der Akademie ist sehr befriedigt, daß unserer Einladung ein so bemerkenswertes Echo beschieden ist. Wir freuen uns über die große Zahl von Vertretern aus Politik, aus der Verwaltung und der Raumplanung in Bund, Ländern und Gemeinden, aus vielen anderen Bereichen des öffentlichen Lebens und nicht zuletzt aus den verschiedenen Disziplinen der Wissenschaft. Ich bitte um Ihr Verständnis, daß ich in dieser Begrüßung nur einige wenige unserer zahlreichen Gäste persönlich anspreche.

Wir freuen uns ganz besonders, daß als Vertreter Bayerns der stellvertretende Ministerpräsident, Herr Staatsminister Dr. HILLERMEIER, unter uns weilt, daß der Bundesminister für Raumordnung, Bauwesen und Städtebau durch Herrn Ministerialdirigent Dr. PFLAUMER und daß die Stadt Augsburg durch Herrn Bürgermeister Dr. KOTTER vertreten ist.

Ferner freuen wir uns über die Anwesenheit mehrerer Abgeordneter des Bayerischen Landtags, des Bezirkstagspräsidenten KLIMM, des Regierungspräsidenten von Schwaben, Herrn FRANK SIEDER, zahlreicher Landräte und Bürgermeister, die zum Teil auch Vorsitzende von Planungsverbänden sind, und wir begrüßen Planer und Wissenschaftler aus der Schweiz, aus Österreich, den Niederlanden, aus Ungarn, Jugoslawien, aus Südafrika. Daß auch ein alter Freund unserer Akademie aus der DDR unter uns ist, sollte besonders dankbar vermerkt werden.

Den Genannten und ebenso allen anderen ist für das Erscheinen zur heutigen Plenarsitzung zu danken.

Einen ganz besonderen Dank aber ist der Leitung des Hauses St. Ulrich, der Akademie und dem Seelsorgezentrum der Diözese Augsburg zu sagen. Es ist ein ganz besonderer Vorzug, daß wir unsere Tagungsfolge gestern, heute und morgen in diesem wundervollen Hause und den so vorzüglich geeigneten Räumen durchführen können. Ihnen, Herr ANTON RAUCH, gilt unser herzlicher Dank für die Gastfreundschaft im Hause St. Ulrich.

Ich vermeine, daß unser Tagungsthema: „Das Verhältnis zwischen Gemeinde und Staat im Bereich der Raumordnung" auch für die Kirche nicht ohne Bezüge ist.

Meine Damen und Herren, unser Tagungsthema ist zwar notwendigerweise ein Gegenstand ständiger Auseinandersetzungen, hat aber durch die Gebietsreformen der letzten Jahre eine so hohe Aktualität gewonnen, daß von einer Aussprache im großen Kreise ein Gewinn und weiterführende Erkenntnisse erwartet werden dürfen. Wir hoffen auf Ihrer aller Mitwirkung.

Vor Beginn der Referate haben wir die Ehre und Freude, einige Grußworte entgegennehmen zu dürfen. Es sprechen zu uns:

der Hausherr von St. Ulrich, Herr Direktor RAUCH,
für den Freistaat Bayern, Herr Staatsminister Dr. HILLERMEIER,
für den Bundesminister für Raumordnung, Herr Ministerialdirigent Dr. PFLAUMER,
für den Bayerischen Staatsminister für Landesentwicklung und Umweltfragen, Herr Ministerialdirektor Dr. HEIGL,
für die Stadt Augsburg, Herr Bürgermeister Dr. KOTTER,
und last not least, Herr Professor LENDI, Zürich, für die ausländischen Mitglieder unserer Akademie.

Grußworte im Namen der Bayerischen Staatsregierung durch den Stellvertretenden Ministerpräsidenten und Staatsminister der Justiz, Dr. Karl Hillermeier, München

Sehr geehrter Herr Präsident, meine sehr verehrten Damen, meine sehr geehrten Herren!

Zur wissenschaftlichen Plenarsitzung 1979 der Akademie für Raumforschung und Landesplanung darf ich Ihnen in Vertretung des Herrn Ministerpräsidenten die herzlichsten Grüße der Bayerischen Staatsregierung übermitteln. Ich freue mich, daß Sie nach der Plenarsitzung 1973 in Nürnberg nunmehr mit Augsburg wiederum einen bayerischen Tagungsort gewählt haben. Als Raumordner sind Sie dabei sicher nicht dem anhaltenden Nord-Süd-Trend der Wanderung gefolgt, es müssen vielmehr gewichtige Gründe für diese aus bayerischer Sicht erfreuliche Standortentscheidung vorliegen. Zum einen dürfte es wohl die enge personelle Verknüpfung der Akademie zu Bayern sein, das mit Herrn Ministerialdirigent Dr. KLAUS MAYER den derzeitigen Präsidenten der Akademie stellt, zum anderen betrachte ich diese Entscheidung auch als Anerkennung für Stellenwert und Arbeit der Raumordnung in Bayern.

Die Bedeutung der Raumordnung und Landesentwicklung in Bayern können Sie am besten daraus ersehen, daß Bayern als erstes Bundesland einen eigenen Geschäftsbereich für diesen relativ neuen Aufgabenbereich öffentlichen Handelns geschaffen hat. Der damalige Ministerpräsident ALFONS GOPPEL stand dabei vor der schwierigen Entscheidung, die Landesentwicklung in die Staatskanzlei zu integrieren, wie es teilweise in anderen Ländern gehandhabt und in Anbetracht der Koordinierungstätigkeit der Raumordnung auch naheliegt, oder diese überfachliche Aufgabe einem eigenen Geschäftsbereich zu übertragen. Der Ministerpräsident hat die zweite Lösung gewählt, weil die Aufstellung eines räumlichen Leitbildes zur Entwicklung der Landesteile und die Durchsetzung raumordnerischer Aspekte in den zahlreichen raumrelevanten Entscheidungen grundsätzlich eigenständige Aufgabenbereiche darstellen. Raumordnerische Konzeptionen sowie die Ausarbeitung von Leitzielen zur weiteren Entwicklung der Landesteile sind nicht nur die zusammengefaßten Vorstellungen der Fachbereiche, sondern originäre Vorgaben zur angestrebten räumlichen Entwicklung.

Es ist selbstverständlich, daß die Verwirklichung der Ziele der Raumordnung und Landesplanung nur durch ein koordiniertes, aufeinander abgestimmtes Zusammenwirken aller Fachbereiche möglich ist. Mit der im Raumordnungsgesetz enthaltenen Verbindlichkeit von Zielen der Raumordnung und Landesplanung für die Träger öffentlicher Belange ist auch die rechtliche Grundlage für die Beachtung der raumordnerischen Ziele gegeben. Allerdings darf die darin begründete Anpassungspflicht insbesondere für Kommunen nicht mit einer unmittelbaren Pflicht zur Planung und Verwirklichung gleichgesetzt werden. Den Gemeinden muß selbstverständlich nach wie vor der Spielraum verbleiben, im Rahmen ihrer finanziellen Möglichkeiten und in Abwägung mit anderen dringlichen Gemeindeaufgaben ihre jeweiligen Tätigkeitsschwerpunkte selbst zu bestimmen. Diesen Ermessensspielraum einzuengen, ist und kann auch nicht das Ziel einer sinnvoll betriebenen Landesentwicklung sein. Wenn die Landesentwicklung die aktive Mitarbeit aller Beteiligten sichern will, dann muß sie neben der Rechtsverbindlichkeit vor allem auf den Realitätsbezug und die Überzeugung ihrer Zielaussagen bauen. Das gilt in noch stärkerem Maße für die wichtige Unterstützung privater Bereiche.

Die bayerische Landesentwicklungspolitik zielt in der gesamten Organisationsstruktur und den Teilhabeformen darauf ab, im Verhältnis Raumordnung und Kommunen gute Voraussetzungen für ein partnerschaftliches Zusammenwirken zu schaffen. Die Gemeinden sind die wesentlichen Träger von Maßnahmen zur Verwirklichung der Ziele der Landesentwicklung. In ihrem Bereich werden abstrakte Vorgaben konkret und raumbezogen in die Tat umgesetzt. Aus diesem Grunde ist im Gegensatz zu anderen Flächenstaaten der Bundesrepublik Deutschland die Organisation der Regionalplanung in Bayern deutlich durch Demokratisierung und Kommunalisierung gekennzeichnet. In keinem anderen Bundesland ist allen kreisangehörigen Gemeinden ein solches Mitspracherecht eingeräumt. Obwohl das bayerische Landesplanungsgesetz die Regionalplanung als staatliche Aufgabe bezeichnet, wird sie in Bayern gemeinsam von Staat und Selbstverwaltung betrieben. Die Regionalplanung erweitert damit die Wirkungsmöglichkeiten der Gemeinden über ihren eigenen Bereich hinaus sowie gegenüber dem Staat.

Mit Abschluß der Gebietsreform in Bayern hat sich die kommunale Landschaft allerdings erheblich verändert. Anstatt ca. 7 000 Gemeinden Anfang der 70er Jahre existieren nach Abschluß der Gebietsreform noch ca. 2 060 Gemeinden. In anderen Bundesländern war der Umfang der Reform noch gravierender. Die mit der Vergrößerung der Gemeinden angestrebte und auch erreichte Stärkung der kommunalen Selbstverwaltung hat selbstverständlich auch ihre Auswirkungen auf die überörtliche und überfachliche Planung in Raumordnung und Landesentwicklung. Zudem sind durch die in den letzten Jahren zu beobachtenden Maßstabsvergrößerungen auf allen Ebenen die Grenzen zwischen staatlichen und kommunalen Aufgaben fließender geworden; traditionell örtliche Aufgaben werden heute mehr und mehr großräumig und gemeindeübergreifend gelöst. Diese Entwicklung hat jedoch an der Notwendigkeit eines räumlichen Leitbildes sowie einer koordinierenden Tätigkeit bei der Verwirklichung von Fachvorhaben nichts geändert. Ich möchte sogar die These aufstellen, daß starke, miteinander konkurrierende Gemeinden in noch stärkerem Maße einer gegenseitigen Abstimmung bedürfen. Die geeignete Ebene zur Koordinierung unterhalb der Landesebene ist nach bayerischer Auffassung die Regionalplanung. Sie ist insbesondere in der „kommunalisierten" Form ein wirksames Bindeglied zwischen überörtlicher und örtlicher Planung; sie ist eine Begegnungsstätte zwischen Verwaltung und Politik; sie ist die Nahtstelle zwischen fachlichen und überfachlichen Belangen. Ihre Funktionsfähigkeit setzt allerdings voraus, daß die Beteiligten an der Planung Verständnis für die Gemeinsamkeit und Bereitschaft zum Konsens aufbringen. In Bayern können wir feststellen, daß mit steigendem Regionsbewußtsein die Bereitschaft für eine fruchtbare Zusammenarbeit zunimmt.

In Anbetracht der Bedeutung, die den Kommunen generell im Rahmen der Raumordnung und Landesplanung zukommt, begrüße ich es nachdrücklich, daß die Akademie für Raumordnung und Landesplanung die Wissenschaftliche Plenarsitzung 1979 unter das Thema „Die Kommune als Partner der Raumordnung und Landesplanung" gestellt hat. Die Gebietsreformen im gesamten Bundesgebiet machen eine Standortbestimmung über das gegenseitige Verhältnis auf beiden Seiten notwendig. Ich hoffe, daß die Beiträge, Anregungen und Ergebnisse dieser Tagung das partnerschaftliche Zusammenwirken weiter intensivieren — im Interesse der Bürger in allen Landesteilen.

Ich wünsche der Tagung einen erfolgreichen Verlauf und den Tagungsteilnehmern einen angenehmen Aufenthalt in Bayern.

Grußworte im Namen der Stadt Augsburg durch Bürgermeister Dr. Ludwig Kotter, Augsburg

Herr Präsident, Herr Minister, meine sehr geehrten Damen und Herren!

Ich überbringe Ihnen zunächst die Grüße der Stadt Augsburg. Wir freuen uns sehr, daß diese große und bedeutende Tagung in Augsburg durchgeführt wird; und dabei darf ich Ihnen sagen, Sie tagen in einer Stadt mit einer nahezu zweitausendjährigen Geschichte, wenn Sie so wollen im jüngsten Kongreßsaal der ältesten Stadt Bayerns. Vielleicht ist diese Tatsache, daß Sie in einer so alten Stadt tagen, für Ihre aktuelle Diskussion der raumbeobachtenden und raumforschenden Wissenschaft befruchtend; denn Besucher und Bewunderer dieser traditionsreichen Stadt werden oft mit der Tatsache konfrontiert, daß es planvoller Entscheidungen bedarf, um gerade eine Stadt mit so alter Vergangenheit, mit so viel Tradition in die Zukunft zu führen.

Ich möchte mich ausdrücklich dafür bedanken, daß diese wissenschaftliche Veranstaltung für unsere Stadt und für unsere junge Universität Augsburg eine Bereicherung des wissenschaftlichen Wirkens bietet.

Ihrer Akademie, meine Damen und Herren, geht der Ruf voraus, die führende Instanz in landesplanerischer und raumordnerischer Hinsicht zu sein, und seit vielen Jahren stehen Sie mit Ihren Forschungen an der Spitze des wissenschaftlichen Wirkungsfeldes. Die umfangreichen Veröffentlichungen der Akademie mit den Forschungs- und Sitzungsberichten belegen deutlich das Ringen zur praktischen Problemstellung der räumlichen Entwicklung, Aussagen und Analysen vorzulegen und gute Lösungsmöglichkeiten zu untersuchen. Daß wir in den Städten in den unmittelbaren Nachkriegsjahren große Probleme hatten mit dem übermäßigen Bevölkerungswachstum, gehört der Vergangenheit an. Die Probleme derzeit liegen in den allermeisten deutschen Städten nunmehr genau auf entgegengesetztem Feld, und bei diesem Bevölkerungsschrumpfen ist nicht selten die Frage aufgetaucht, ob unter diesen Aspekten eine Stadtentwicklung überhaupt noch sinnvoll ist.

Wenn eine Stadt nicht wächst, kann man sie nicht entwickeln. Es hat sich aber in der Zwischenzeit eindeutig der Gedanke bahngebrochen, gerade deshalb Fehlentwicklungen schon im Ansatz zu verhüten und entsprechende Maßnahmen zu ergreifen, um sinnvolle Funktionsaufteilungen und Zuordnungen des Raumes zu erreichen. Vor einer Gefahr, das darf ich als Praktiker den Wissenschaftlern im besonderen Maße ans Herz legen, muß gewarnt werden, daß die Städte im Bemühen, die Bevölkerungsrückgänge zu stoppen, sich nicht selber in allzu großem Maße gegenseitig Konkurrenz machen.

Ich möchte die Notwendigkeit des Zusammenwirkens zwischen Wissenschaft und Praxis in besonderem Maße fordern. Als praktischer Kommunalpolitiker bin ich deshalb von der Themenstellung dieser Tagung besonders angetan.

In Augsburg nun hatten wir, verglichen mit Städten ähnlicher Größenordnung, zwar einen in etwa durchschnittlichen Bevölkerungsrückgang, aber einen überdurchschnittlich starken Rückgang an Arbeitsplätzen. Wir müssen in Augsburg aktuelle Probleme der Verbesserung des Wohnumfeldes, der Verkehrsberuhigung in den Wohngebieten und Probleme der Stadterneuerung lösen; und dazu bedürfen wir des Ratschlages der Wissenschaft.

Insofern ist hinreichend belegt, wie sehr die Themenstellung Ihrer Tagung uns Ansatzpunkte liefern kann. Ich bin überzeugt, daß nicht nur die Kommunalpolitiker dieser Tagungsstadt und die einschlägigen Verwaltungen, sondern darüber hinaus auch die der vielen anderen bundesdeutschen Städte auf Ihre Ergebnisse warten.

Deshalb wünsche ich nicht ganz uneigennützig dieser Tagung und den folgenden einen optimalen Erfolg. Wenn ich noch einen anderen Wunsch anfügen darf: Ich hoffe, Sie finden Zeit, um am Rande Ihrer Tagung die vielen historischen und modernen Sehenswürdigkeiten dieser Stadt zu besuchen. Danke sehr!

Grußworte im Namen des Bundesministers für Raumordnung, Bauwesen und Städtebau durch Ministerialdirigent Dr. Hans Pflaumer, Bonn-Bad Godesberg

Herr Präsident, Herr Staatsminister, liebe Kolleginnen und Kollegen, meine sehr verehrten Damen und Herren!

Der Bundesminister für Raumordnung, Bauwesen und Städtebau, Herr Dr. DIETER HAACK, hat mich beauftragt, Ihnen, den Teilnehmern an der Wissenschaftlichen Plenarsitzung 1979 seine besten Grüße zu überbringen.

Ihre Themenwahl zeigt, daß Sie — der guten Tradition der Akademie folgend — sich nicht scheuen, ein Zentralproblem der aktuellen Diskussion aufzugreifen: Stellenwert und Funktion der Gemeinden gewissermaßen als Basiselemente in der Hierarchie von Raumordnung und Landesplanung. Eingedenk eines Ihnen allen geläufigen Urteils des Bundesverfassungsgerichts zum Verhältnis von Bund zu Ländern und Gemeinden möchte ich in der gebotenen Zurückhaltung folgendes sagen:

Ich begrüße es, daß mit dem hier aufgegriffenen Thema die mancherorts noch vorhandene Vorstellung — hier Städtebaupolitik im engeren Sinne, dort die großflächige Raumordnungspolitik — aufgehoben und der enge Zusammenhang dieser Bereiche betont wird. Dies ist auch in voller Übereinstimmung mit dem Raumordnungsbericht 1978 der Bundesregierung.

Mit Interesse habe ich festgestellt, daß sich die beiden Sektionssitzungen mit Fragen beschäftigen, die auch thematischer Schwerpunkt des jüngst verabschiedeten Mittelfristigen Forschungsprogramms unseres Ministeriums sind. Ich werte dies als ein Zeichen dafür, daß Fachwissenschaft wie auch Fachressort offensichtlich von gleichen Problemidentifizierungen ausgehen. Ein Blick in den Jahresbericht 1978 der Akademie zeigt auch, daß ihre Forschungsleistungen im Bereich der Grundlagenforschung und unsere Bemühungen im Bereich der Ressortforschung sich sinnvoll ergänzen.

Lassen Sie mich zwei Beispiele nennen, die im Rahmen dieser Tagung von besonderem Interesse sind: Im Bereich der kommunalen Finanzen bemühen wir uns, aus der etwas festgefahrenen Diskussion über die Einnahmeverluste durch die Stadt-Umland-Wanderungen hinauszukommen und stärker die siedlungsstrukturellen und die raumordnerischen Aspekte des Finanzsystems herauszustellen, um mögliche alternative Handlungsweisen aufzeigen zu können. Daß wir hier theoretisches und methodisches Neuland betreten müssen, sollte uns nicht so sehr schrecken. Allerdings ist die Kenntnis über die Wirkung dieses Finanzsystems auf den Raum und die Gemeinden noch relativ begrenzt, so daß wir durch Forschung zu einer stärkeren Versachlichung dieses im übrigen auch kontroversen Themas beitragen müssen.

Mit der Anhörung zum Stand und zur Entwicklung im Bereich der Regionalplanung in den einzelnen Bundesländern, die durch die Bundesforschungsanstalt für Landeskunde und Raumordnung demnächst anläuft, maßt sich der Bund keine Schiedsrichterrolle an; sie ist als Versuch zu verstehen, eine nüchterne Bestandsaufnahme der derzeitigen Praxis zu gewinnen. Immerhin schreibt das Bundesbaugesetz ja die Anpassung der Bauleitpläne an die Ziele von Raumordnung und Landesplanung vor. Im übrigen denkt auch der Bund nicht nur an die großstädtischen Verdichtungsräume, wenn von der Funktion der Kommunen im Rahmen von Raumordnung und Landesplanung gesprochen wird. Dies belegt eine Übersicht über die Verteilung der Maßnahmen im Rahmen des Städtebauförderungsgesetzes.

Natürlich spielen die Fragen der Finanzverfassung eine große Rolle. Dies gilt besonders für Gemeinschaftsaufgaben und Finanzhilfen als zentralen Faktoren der „Politikverflechtung". Die im föderalistischen System typischerweise stark ausgeprägte Differenzierung aber auch Verflechtung der einzelnen Handlungsebenen und -träger macht die Raum-, Landes- und Regionalplanung zu einem schwierigen Geschäft, begründet andererseits aber gerade die Notwendigkeit, die damit verbundenen Probleme einmal aus dem Blickwinkel der unteren Ebene unseres Staatsaufbaus zu beleuchten. Daß hier ein Spannungsverhältnis zwischen eigenverantwortlicher Entwicklung und übergeordneter Sichtweise vorhanden ist, kann gar nicht geleugnet werden. Entscheidend — und dies sei im Hinblick auf die Bewunderer zentralstaatlicher Einheitlichkeit gesagt — ist doch vielmehr, wie weit es gelingt, zu einem produktiven Verhältnis zwischen den verschiedenen Ebenen zu gelangen. Hierfür scheinen mir Raumordnung, Landes- und Regionalplanung ein gutes Anschauungsfeld abzugeben, da letztlich die Gemeinden als verantwortlicher Handlungsträger im Schnittpunkt dieser Planungsbereiche liegen.

Die Tagesordnung Ihrer Verhandlungen weist demnach eine Fülle interessanter und auch brisanter Punkte auf. Ich wünsche Ihnen, daß Sie diese mit der gleichen Sachlichkeit und Gründlichkeit behandeln können, wie dies in der Akademie guter Brauch ist. Diese Wünsche verbinde ich mit dem Dank an die Akademie für die im vergangenen Jahr geleistete Arbeit in der Forschung wie auf dem Gebiet der Forschungskoordination zwischen Bund und Ländern. Es war sicher die Qualität dieser Arbeit und die allgemein bemerkenswerte Funktion der Akademie, die dazu geführt hat, daß der Haushaltsausschuß des Deutschen Bundestages — von dessen gestriger Abendsitzung ich soeben komme — dem im Regierungsentwurf enthaltenen Ansatz für die Akademie zugestimmt hat.

Grußworte im Namen des Bayerischen Staatsministers für Landesentwicklung und Umweltfragen durch Ministerialdirektor Dr. Ludwig Heigl, München

Sehr verehrter Staatsminister,
sehr geehrte Damen und Herren Abgeordnete und Senatoren,
Herr Präsident,
meine sehr verehrten Damen und Herren,
liebe Kolleginnen und Kollegen von der noch jungen Zunft der Landesplaner!

Es ist an sich nicht üblich, daß ein Beamter eines Ressorts noch spricht, wenn ein Kabinettsmitglied und noch dazu der Herr stellvertretende Ministerpräsident bereits das Wort ergriffen hat. Aber mit seiner gütigen Erlaubnis darf ich das heute hier tun aus der besonderen Freude heraus, daß unser Ressort besonders angetan ist, daß nach so langen Jahren wieder eine Tagung in diesem Lande stattfinden kann. Als Amtschef des bayerischen Staatsministeriums für Landesentwicklung und Umweltfragen ist es mir eine ganz große Ehre, Sie, die Mitglieder der Akademie für Raumforschung und Landesplanung, und Sie, die Gäste der heutigen Wissenschaftlichen Plenarsitzung aus dem In- und Ausland, im Auftrag meines Ministers, Herrn ALFRED DICK, sehr herzlich begrüßen zu dürfen. Der Gruß gilt vor allem auch Ihnen, meinem langjährigen Mitstreiter, sehr geehrter Herr Präsident, der so viele Jahre die Arbeit der Landesplanung in Bayern maßgeblich bestimmt und vorangetrieben hat. Herr Staatsminister DICK bedauert es außerordentlich, daß er wegen einer Auslandsreise nicht selbst an dieser Tagung teilnehmen kann.

Das Thema der Wissenschaftlichen Plenarsitzung 1979 der Akademie für Raumforschung und Landesplanung „Die Kommunen als Partner der Raumordnung und Landesplanung" ist gerade für Bayern von großer aktueller Bedeutung. Der stellvertretende Ministerpräsident, Herr Staatsminister Dr. HILLERMEIER, hat in seiner Begrüßung bereits auf die Bedeutung der Gemeinden in der Landes- und Regionalplanung hingewiesen. Ich darf diese Ausführungen noch um einen Aspekt erweitern. Neben den Teilhabeformen ist für ein erfolgreiches partnerschaftliches Zusammenwirken in der Landesentwicklung ebenso wichtig, daß die Beteiligten, in diesem Falle die Kommunen, auch praktisch in die Lage versetzt werden, ihren Part der Umsetzung landesplanerischer Ziele zu erfüllen.

Ich begrüße es deshalb aus der Sicht des Staatsministeriums für Landesentwicklung und Umweltfragen außerordentlich, daß die Akademie vor allem in den Sektionssitzungen so wichtige Themenkreise, wie den Zusammenhang von Haushaltspolitik und Raumordnung oder die Entwicklung der Siedlungsstruktur in ihren Auswirkungen auf die Gemeinden, behandelt.

Probleme ergeben sich dabei allerdings nicht nur aus der kommunalen Gebietsreform, sondern in noch stärkerem Maße aus den veränderten Rahmenbedingungen generell. Es ist nicht zuletzt der Arbeit der Akademie für Raumforschung und Landesplanung und ihrer Mitglieder zu verdanken, daß die für die weitere Entwicklung der Gemeinden außerordentlich bedeutsamen Verteilungsproblematiken bei geringerem Entwicklungspotential derzeit in Wissenschaft und Politik ausführlich diskutiert werden. Ihre praxisorientierten Analysen und Erkenntnisse sind eine wichtige Grundlage für politische und verwaltungsmäßige Maßnahmen geworden. Sie sind Anstoß für kontinuierliche Überlegungen zum landesentwicklungspolitischen Instrumentarium und zur Berücksichtigung künftiger Entwicklungserfordernisse und Probleme der Kommunen, insbesondere im ländlichen Raum. Sie sind schließlich eine Bestätigung dafür, daß bei Stagnation wesentlicher Entwicklungskomponenten ebenfalls erhebliche räumliche Bewegungen stattfinden, die auch in Zukunft eine wirksame Landesentwicklungspolitik erforderlich machen. Daß dies nicht mit einer überzogenen Planungsdichte verbunden sein muß, haben gerade Überlegungen aus Ihren Reihen deutlich gemacht. Die Planungsintensität war in der Vergangenheit auch Ursache für ein zuweilen nicht ungetrübtes Verhältnis von Raumordnung und den Gemeinden. Namhafte Stimmen in der Literatur und von kommunalpolitischer Seite haben das Bild von der „verplanten Gemeinde" heraufbeschworen, die zum reinen Vollzugsorgan staatlicher Planungsziele degradiert wird.

Anläßlich der Kommunalwahl 1978 in Bayern hat sich der bayerische Städteverband unter dem Thema „Wer regiert unsere Städte und Gemeinden" zur fortschreitenden Einengung der kommunalen Selbstverwaltung durch ein Übermaß an Gesetzen und Verordnungen sowie durch ein Geflecht staatlicher Planungen sehr kritisch geäußert. Diese Kritik war für die Raumordnungspolitik in Bayern insofern sehr wertvoll, weil sie gezeigt hat, daß die beklagte „Verplanung" im wesentlichen von den zahlreichen Ausformungen der Fachplanungen ausgeht, nicht jedoch von der überörtlichen Planung. Raumordnung und Landesentwicklung setzen vielmehr gerade dort an, wo die Möglichkeiten der kommunalen Planungen nicht mehr ausreichen, weil sie gemeindeübergreifende Vorhaben und Entwicklungen betreffen und damit nur durch eine überörtliche Zusammenarbeit lösbar sind. Raumordnung ist insofern eine helfende und die kommunale Selbstverwaltung ergänzende Planung. In Bayern wird sie zudem noch als echte Gemeinschaftsaufgabe von Staat und Selbstverwaltung charakterisiert. Wenn sich diese Erkenntnisse generell durchsetzen, die Anzeichen dafür sind m.E. sehr gut, dann sind auch die Erfolge eines partnerschaftlichen Zusammenwirkens gesichert.

In diesem Sinne wünsche ich der Wissenschaftlichen Plenarsitzung 1979 und den morgigen Sektionssitzungen einen erfolgreichen Verlauf.

Grußworte im Namen der ausländischen Korrespondierenden Mitglieder der Akademie für Raumforschung und Landesplanung durch Professor Dr. Martin Lendi, Zürich

Herr Minister, Herr Präsident, meine sehr verehrten Damen und Herren!

Ich bin in der glücklichen Lage, schlicht und einfach herzlichen Dank zu sagen: Dank für die Einladung, Dank für die Ehrung, Korrespondierendes Mitglied sein zu dürfen.

Korrespondierendes Mitglied zu sein, ist ein wunderbarer Zustand. In dieser Eigenschaft hat man keine Pflichten, man hat nicht einmal Rechte, aber man ist begünstigt — und das ist vom Juristen her gesehen die schönste Lage, in der man sich befinden kann. Übrigens: Die Begünstigung kommt nicht einmal durch einen Vertrag zustande, mindestens nicht durch einen förmlichen. Man wird es. Es geschieht.

Ich darf Ihnen ferner die Grüße aller korrespondierenden Mitglieder und aller ausländischen Gäste überbringen. Ich darf dies mit einer kleinen Laudatio auf die Akademie verbinden. Sie ist wirklich kurz, da es glücklicherweise ein Wort gibt, das die Summe dessen wiedergibt, was Ihre Akademie auszeichnet. Was ich an Publikationen, wissenschaftlichen Arbeiten, am Gehalt ihrer Konferenzen usw. bewundere, das ist die „adaequatio intellectus et rei". Dieses lateinische Wort läßt sich kaum übersetzen. Es handelt sich aber um eine Definition, und zwar um die begriffliche Umschreibung der „veritas", also der Wahrheit. Gibt es etwas Schöneres, gibt es etwas Zutreffenderes als die Ehrung, die Akademie huldige der „veritas", indem sie die Entsprechung, die Übereinstimmung von Einsicht und Sache, indem sie sowohl das Tatsächliche als auch das Normative sucht und indem sie die gegenseitige Bedingtheit von Theorie und Praxis belebt, immer im Sinne der adaequatio intellectus et rei.

Ein kurzes Wort zur Raumplanungssituation in der Schweiz. Sie haben sicherlich großes Bedauern mit uns gehabt, als wir im Jahre 1976 erleben mußten, wie das Schweizer Volk das Bundesgesetz über die Raumplanung vom 4. Oktober 1974 verworfen, abgelehnt hat. In der Zwischenzeit ist dieses „Mißgeschick" behoben. Das Parlament hat am 22. Juni dieses Jahres einem neuen Gesetz zugestimmt. Das Volk hat von der Referendumsmöglichkeit keinen Gebrauch gemacht, so daß das Bundesgesetz über die Raumplanung (Raumordnung) am 1. Januar 1980 in Kraft treten kann. War die erste Ablehnung ein Unglück? Ja und Nein. Ja, weil wir Zeit verloren haben und weil das zweite Gesetz nie von der gleichen Wirksamkeit sein kann wie das erste. Nein, weil uns das Volk davor bewahrt hat, die „Planungseuphorie" der beginnenden siebziger Jahre in einem Gesetz zu verankern. Die Demokratie, die direkte vor allem, hat etwas Konservatives an sich, sie retardiert, verzögert — und dieses Hinhalten ist sehr oft der Schritt zum Glück, weil die Behörden und der Gesetzgeber gezwungen werden, die Materie nochmals zu überdenken und weil sich der demokratische Legitimationsgrad erhöht.

Und nun zu Ihrem Tagungsthema. Aus schweizerischer Sicht ist zu bemerken, daß die Thematik der Gebietsreform nicht aufkommen konnte. Die direkte Demokratie ist einem Autonomieverlust nicht gewogen. Auch verwahrt sich das mitspielende Milizsystem gegen einen Zusammenschluß von Gemeinden mit der notwendigen Folge einer professionellen Verwaltung. Selbstverständlich wurde auch in der Schweiz das Postulat einer Gebietsreform mit dem Ziel der Bildung von sogenannten lebensfähigen, weil größeren Gebietskörperschaften aufgestellt. Allein das Ziel der Rationalisierung ist nicht das einzige. In der direkten Demokratie stellt sich recht früh die Frage nach dem Preis — und dieser scheint in der Schweiz zu groß zu sein. Die Zustimmung des Volkes war deshalb für eine Gebietsreform nicht zu finden. War dies ein Vor- oder Nachteil? Wahrscheinlich ist auch hier mit Ja und Nein zu antworten. Es wird für uns von größtem Interesse sein, Ihre „Nachkalkulation" auszuwerten.

Die Akademie verdient mit der Fülle ihrer Aktivitäten Bewunderung. Bisweilen frage ich mich nur, welche Fragen für sie überhaupt noch offen sind, scheint doch alles bereits angesprochen oder sogar durchbehandelt zu sein. Glücklicherweise wurde eine Frage nicht beantwortet (selbst wenn man das Handwörterbuch zur Hand nimmt) — die Frage, was Planung ist? Es hört sich gut an, wenn man ähnlich einem Philosophen sagt, man solle ja nicht definieren, da jede Definition eine Grenzziehung einschließt. Vielleicht definieren wir aber die Planung nur deshalb nicht, weil wir in unserer Tätigkeit frei bleiben wollen. Wenn man aber nicht definieren darf, so darf man aber doch einige Gedanken zur Planung äußern:

In Augsburg liegt es nahe, an BRECHT zu erinnern: „Ja, mach nur einen Plan, sei ein großes Licht, und mach auch einen zweiten Plan, gehn tun sie beide nicht." Aus diesem Wort spricht die Planungsskepsis, die in der Schweiz — und wohl nicht nur in der Schweiz — umgeht. Ein Schweizer formulierte handfester: „Über die Planung wird gleichviel geredet wie über das Wetter — und mit dem gleichen Resultat." Als ein Politiker mir einen guten Rat mit auf den Weg der Planung geben wollte, da sagte er in Anlehnung an HIPPOKRATES: „In erster Linie nicht schaden." Ich habe ihn dann daran erinnert, daß die lateinische Form der gleichen Aussage: „Nemimem laedere" begleitet ist vom Aufruf „honeste vivere". Würde es nicht unseren Planern gut anstehen, zuerst und vor allem in der Verantwortung für die Sache „honeste vivere"? — und dann doch zu planen. Aber wie? KONFUZIUS hat den Weg gewiesen: „Wir machen Pläne, damit wir Pläne haben, die wir verwerfen können." Darin liegt die Freiheit der Planung sich selbst gegenüber. Haben wir diese Freiheit als Planer gegenüber der Planung? Wir müssen sie haben, denn nach einem chinesischen Sprichwort, es könnte sich auch um eine biblische Aussage handeln, haben die Menschen tausend Pläne, der Himmel aber nur einen.*)

Ich wünsche der Akademie, daß sie letztlich auf dem Weg zu diesem einen großen Plan ist.

---

*) Diese und weitere Zitate finden sich bei NEF R., „Sprüche und Widersprüche zur Planung", Schriftenreihe der Orts-, Regional- und Landesplanung Nr. 24, Institut für Orts-, Regional- und Landesplanung der ETH, Zürich 1975 (2. A. 1976).

Referat Professor Dr. Walter Schmitt Glaeser, Bayreuth

Die kommunale Landschaft nach den Gebietsreformen und ihre Folgewirkungen für die Raumordnung und Landesplanung

Einleitung

Die Erwartungen waren groß, nicht weniger groß waren die Befürchtungen, als das zweifellos gigantische Werk der kommunalen Gebietsreformen in Bewegung kam. Nun ist das Werk im wesentlichen getan. Das Ergebnis liegt vor, und es ist an der Zeit, eine erste Bilanz zu ziehen und darüber nachzudenken, wie es weitergehen soll. Dabei muß Einigkeit darüber bestehen, daß die Reformen nicht mehr revidiert werden können. Es hat also keinen Sinn, die neugeschaffene Lage mit dem Ziel einer Veränderung grundsätzlich wieder in Frage zu stellen. Allerdings kann und muß überlegt werden, auf welche Weise eventuelle Mängel abgemildert werden können. Hinreichend gesicherte Erkenntnisse dürfte hier freilich erst die Erfahrung bringen.

Im folgenden soll versucht werden, die Ergebnisse der kommunalen Gebietsreformen in den Ländern in Grundzügen darzustellen (ERSTER TEIL) und sodann der Frage nachgegangen werden, welche Folgewirkungen die Reform speziell für die Raumordnung und Landesplanung hat oder haben kann (ZWEITER TEIL).

ERSTER TEIL

Die kommunale Landschaft nach den Gebietsreformen

I. Die Ziele der Reformen

Die kommunalen Gebietsreformen sind Teil einer großangelegten Verwaltungsreform, die von der Umgestaltung der Verwaltungsorganisation über die Reform des Verwaltungshandelns und der Personalstruktur sowie des öffentlichen Dienstes bis hin zur Funktionalreform als einer ständigen Aufgabe reicht. Die Territorialreformen stellten die Neuordnung des Verwaltungsgefüges der Gemeinde- und Kreisebene in den Vordergrund. Die Bezirksebene blieb dagegen durchweg von nachrangigem Interesse. Ihre Probleme bedürfen daher auch hier keiner grundsätzlichen Behandlung.

Die Ziele der kommunalen Gebietsreformen lassen sich schlagwortartig im wesentlichen auf zwei Formeln bringen[1]):

---

[1]) Aus der umfangreichen Literatur seien hier erwähnt: SCHNUR, Regionalkreise? (1971), S. 13; W. BÜCKMANN, Gebietsreform und Entwicklungsplanung in Nordrhein-Westfalen (1973), S. 3 ff.; HOPPE//RENGELING, Rechtsschutz bei der kommunalen Gebietsreform (1973), S. 110; SIEDENTOPF, Die Verwaltung 1971, S. 280 f.; RENGELING, DVBl. 1976, S. 355; SCHMIDT-ASSMANN, DVBl. 1975, S. 4; SCHMIDT-JORTZIG, DVBl. 1977, S 801; SEELE, der landkreis 1978, S. 494 f.; BURMEISTER, DÖV 1979, S. 386 f. — Grundlegend zum „Neubau der Verwaltung": WAGENER, Neubau der Verwaltung. Gliederung der öffentlichen Aufgaben und ihrer Träger nach Effektivität und Integrationswert, 2. Aufl. (1974), passim; speziell zur „Effektivität" und zum „Integrationswert" aaO., S. 4 ff.

— Erhöhung der Effektivität kommunaler Leistungskraft;

— Verstärkung oder wenigstens Erhaltung kommunalspezifischer Integrationswerte.

Beide Anliegen haben auch *verfassungsrechtliche Dignität.*

Erstens: Das Ziel der Effektivitätssteigerung, der Erhöhung von Leistungsfähigkeit und Wirtschaftlichkeit, der Vereinfachung und Rationalisierung kommunaler Verwaltung zum Zwecke der Anpassung an die erhöhten Anforderungen, die Akzentuierung der „Versorgungskommune" also, wird vom Sozialstaatsprinzip unserer Verfassung (Art. 20 Abs. 1, Art. 28 Abs. 1 GG) getragen[2]) und läßt sich in Beziehung setzen zu jenen Bestimmungen des Grundgesetzes, die nach überwiegender Auffassung die Gleichwertigkeit der Lebensbedingungen im ganzen Bundesgebiet fordern[3]). Damit wird zugleich die enge Verbindung der kommunalen Gebietsreformen zu Raumordnung und Landesplanung und deren zentralörtlichem Gliederungsprinzip deutlich. Dieses Prinzip ist bekanntlich in besonderem Maße auf den Abbau von Disparitäten gerichtet[4]). Die von den Territorialreformen beabsichtigte Stärkung kommunaler Leistungskraft steht in unmittelbarer Beziehung zur Funktionalreform und ist ihre Basis[5]).

Zweitens: Das Ziel einer Festigung kommunalspezifischer Integrationswerte, das die Stärkung der kommunalen Selbstverwaltung ebenso mit einschließt wie die Gewährleistung optimaler Bürgernähe und der bürgerschaftlichen Mitwirkung bei der Aufgabenerledigung, um auf diese Weise dem einzelnen im mitgestalteten Eigenleben eines überschaubaren Organismus individuelle Selbstentfaltung zu ermöglichen, hat seine verfassungsrechtliche Grundlage vornehmlich im allgemeinen Demokratieprinzip sowie in Art. 28 Abs. 2 GG, der durch das Merkmal der „örtlichen Gemeinschaft" die bürgerschaftlich-demokratische Mitwirkung jedenfalls in der Gemeinde „zum konstitutiven Element der kommunalen Selbstverwaltung erhebt"[6]).

Beide Ziele sind ideal, so wie es auch die dahinterstehenden Verfassungsnormen und Verfassungsprinzipien sind. Ebenso wie diese lassen sich freilich auch die Ziele nicht restlos harmonisieren, so daß das inzwischen allgemein anerkannte Optimierungsverfahren der praktischen Konkordanz Bedeutung gewinnt[7]). Dieses Verfahren erscheint umso aussichtsreicher, als die Ziele in wichtigen Punkten durchaus richtungsgleich sind. So setzt einerseits jede kommunalspezifische Art von Integration eine starke Selbstverwaltung voraus, in der es auch tatsächlich etwas zu verwalten und zu entscheiden gibt[8]); andererseits kann örtliche Verbundenheit und Integration, wenn nicht ausschließlich, so doch auch durch gemeinsame Versorgung konstituiert werden[9]). Die „Versorgungs*kommune*" ist in diesem Sinne durchaus auch „Versorgungs*gemeinschaft*". Vom Grundgedanken her jedenfalls erscheinen demzufolge die beiden Reformziele keineswegs in einer derartigen „immanenten Spannungslage",

---

[2]) W. BÜCKMANN, Verfassungsfragen bei den Reformen im örtlichen Bereich (1972), S. 105 f.; DERS. aaO. (FN 1), S. 6 ff.; HOPPE/RENGELING, aaO. (FN. 1), S. 109 ff.; SIEDENTOPF, Die Verwaltung 1971, S. 280; SOELL, BayVBl. 1977, S. 2 f.

[3]) Siehe Art. 72 Abs. 2 Nr. 3, Art. 104 a Abs. 4, Art. 106 Abs. 3 Nr. 2 GG; vgl. auch insbesondere § 2 Abs. 1 Nr. 4 Satz 1 ROG sowie etwa Art. 2 Nr. 3 Satz 2 bayLPlanG. — Zum Problem der gleichwertigen Lebensverhältnisse vgl. etwa DICK, der landkreis 1978, S. 444; WAGENER, Informationen zur Raumentwicklung 1978, S. 12; THOSS, der landkreis 1976, S. 194 ff.; ULLRICH, DÖV 1978, S. 75; H. REISS, Städte- und Gemeindebund 1978, S. 43; PAPPERMANN, DVBl. 1975, S. 26 ff.; Eildienst LKT/NW 1976, S. 96 f. und 1977, S. 177 ff.

[4]) NIEMEYER, DÖV 1969, S. 370; BRENKEN, DÖV 1969, S. 372 ff.; W. BÜCKMANN, aaO. (FN 1), S. 7 ff.; LOSCHELDER, DÖV 1969, S. 227.

[5]) SCHMIDT-ASSMANN, DVBl. 1975, S. 4.

[6]) W. BÜCKMANN, aaO. (FN 1), S. 26 ff.; VON UNRUH, in: Der Kreis, Erster Band (1972), S. 42; SOELL, BayVBl. 1977, S. 3 m.w.N.

[7]) Grundlegend dazu K. HESSE, Grundzüge des Verfassungsrechts der Bundesrepublik Deutschland, 11. Aufl. (1978), § 2 III 2, S. 26 ff.; speziell zur Problematik bei der Gebietsreform: SOELL, BayVBl. 1977, S. 6 ff.

[8]) VON UNRUH, DÖV 1969, S. 117; SOELL, BayVBl. 1977, S. 4; A. SEIDL, BayBgm 1978, Heft 4, S. 13; BAD.-WÜRTT. STGH, DÖV 1975, S. 387.

[9]) So bereits LAUX, in: Kommunalarchiv des Rheinischen Gemeindetages, Band I, S. 60 ff.; SCHMIDT-ASSMANN, in: Raumplanung — Entwicklungsplanung (1972), S. 144 ff.

daß die Lösung dieses Widerstreits — wie BURMEISTER[10]) meint — „zwangsläufig eine Bevorzugung der einen Forderung auf Kosten der anderen einschließt". Tatsächlich freilich lief es in der Praxis genau so: *Die Effektivität wurde auf Kosten der Integrationswerte bevorzugt*[11]). Die zahlreichen warnenden Stimmen hatten kaum etwas bewirkt[12]). Der Grund hierfür liegt m.E. in zweierlei:

— zum einen darin, daß sich die herkömmliche Idee der kommunalen Selbstverwaltung in einem gewissen Auflösungsprozeß zu befinden scheint. Die sog. „funktionale Betrachtungsweise" hat sich in den vergangenen Jahren stark in den Vordergrund geschoben, die Idee der Versorgungskommune dominiert[13]), wobei man sich nicht selten in Pragmatik gefällt[14]). Soweit diese neue Lehre die entscheidenden Instanzen (insbesondere die Gesetzgeber der Länder) nicht von vornherein für die Effektivität einnahm, stiftete sie jedenfalls Unruhe und vor allem Unsicherheit in Grundsatzfragen;

— zum anderen bestand kein eindeutiger Konsens über die Funktion der Kommunen, weder was Gemeinde und Kreis für sich gesehen, noch in ihrem Verhältnis zueinander und zu höherstufigen Organisationen angeht[15]).

Beide Unsicherheiten wirkten zusammen. Das Orientierungsdefizit verleitete zur rigorosen Vereinfachung, und man suchte nach möglichst einsichtigen, dogmatisch wie ideell unbelasteten Maßstäben für die Reform. Und man fand den Maßstab in der Zahl, die offenbar ebenso faszinierend wie rational erschien. Die Fläche in Quadratkilometern und die Einwohner in Tausend wurden zum entscheidenden Kriterium der Gebietsreformen. Mit dem Fortschreiten der Reformen erschien die Quantität zunehmend als Wert an sich. „Dieser 'Rausch der ständig größer werdenden Zahl' läßt sich für alle Verwaltungsebenen nachweisen[16])." Das Ergebnis ist entsprechend.

II. Das Ergebnis der Reformen

A. Die Maßstabsvergrößerung im Bundesdurchschnitt

Die Maßstabsvergrößerung im Bundesdurchschnitt ist sowohl bei den Gemeinden als auch bei den Kreisen erheblich. Das sollen die folgenden statistischen Angaben anschaulich machen. Die Übersichten wurden, wenn nichts anderes angegeben ist, auf der Grundlage des Zahlenmaterials des Statistischen Jahrbuchs für die Bundesrepublik Deutschland (hrsg. v. Statistischen Bundesamt), Abschnitt Gebiet und Bevölkerung, errechnet. Stichtage sind dabei, soweit nichts anderes vermerkt ist, der 30.6.1965 einerseits und der 30.6.1978 andererseits. Das Jahr 1965 wurde als Ausgangsbasis für den Gebiets- und Bevölkerungsstand vor der Gebietsreform gewählt, weil zu dieser Zeit noch in keinem Bundesland eine systematische Gebietsreform in Gang gesetzt worden war. Innerhalb des Jahres 1965

---

[10]) DÖV 1979, S. 386 f.

[11]) SCHMIDT-JORTZIG, DVBl. 1977, S. 804 f.; DERS., Städte- und Gemeindebund 1979, S. 110 ff.; BURMEISTER, DÖV 1979, S. 387; WOLFF/BACHOF, Verwaltungsrecht II, 4. Aufl. (1976), § 86 I a 2 (S. 195 f.). — Diese Überbetonung der Effektivität sollte man im übrigen weniger WAGENER und seiner Schrift „Neubau der Verwaltung" (FN 1) als vielmehr jenen anlasten, die seine Abgrenzungskriterien mißverstanden haben (dazu auch VON UNRUH, DVBl. 1973, S. 8).

[12]) SIEDENTOPF, Die Verwaltung 1971, S. 281 f.; RENGELING, DVBl. 1976, S. 357.

[13]) Vgl. etwa und insbesondere PAPPERMANN, DÖV 1973, S. 507 f. m.w.N. Dagegen für eine traditionelle, wenn auch „fortgeschriebene" Konzeption: MOMBAUR, Städte- und Gemeindebund 1978, S. 187; SCHMIDT-JORTZIG, DVBl. 1977, S. 804; MERK, BayBgm 1976, Heft 10, S. 11; BLÜMEL, VVDStRL 36 (1978), S. 244 m.w.N.

[14]) Vgl. etwa J. BAUER, BayBgm 1976, Heft 10, S. 30.

[15]) Zum mangelnden Konsens im Hinblick auf die Funktion der Kreise: SIEDENTOPF, DVBl. 1975, S. 14 f.

[16]) SIEDENTOPF, DVBl. 1975, S. 14. — Die Notwendigkeit der Reformen wird im übrigen grundsätzlich nicht bestritten. Daran lassen auch ihre (schärfsten) Kritiker keinen Zweifel. Vgl. etwa SCHMIDT-JORTZIG, DVBl. 1977, S. 805. Siehe in diesem Zusammenhang auch BVerfGE 34, 216/233.

ist der 30.6. in Anlehnung an das Statistische Jahrbuch als Stichtag gewählt worden. Anfang 1978 waren in allen Bundesländern die Gebietsreformbestrebungen zu einem Abschluß gekommen, so daß als anderer Stichtag der 30.6.1978 gewählt werden konnte. Die nach diesem Zeitpunkt vorgenommenen oder noch zu erwartenden Korrekturen (Auflösung der kreisfreien Stadt Lahn 1979 in Hessen; bevorstehende Veränderung der Kreisreform in Niedersachsen) werden nicht berücksichtigt. Sie lassen das Grundkonzept unberührt. Dies gilt auch für die „Reform der Reform" durch das Kabinett Strauß in Bayern.

1. Die Situation bei den Gemeinden

a) *Die Zahl der Gemeinden* ist von 24 444 auf 8 518 (d.h. um 65%) zurückgegangen, wobei die Mitgliedsgemeinden von Gesamtgemeinden (Verwaltungsgemeinschaften und dgl.) als eigene Gemeinden berücksichtigt wurden. Allein die Zahl der kreisfreien Gemeinden wurde von 136 auf 89 reduziert. Dies entspricht einer Abnahme um 34,5%.

b) *Die Durchschnittsfläche einer kreisfreien Gemeinde* hat sich von rd. 60 km^2 auf rd. 163 km^2 erhöht. Die neugeschaffenen kreisfreien Gemeinden sind damit fast dreimal (genau: 2,72) so groß wie vor der Gebietsreform.

Aber auch die *kreisangehörigen Gemeinden* sind zu neuen Größenordnungen vorgestoßen. In der Mehrzahl der Länder erreichen heute sogar ländliche Gemeinden Einwohnerzahlen über 20 000:

Achern	20 000 E
Buchholz	27 000 E
Ahrensburg bei Hamburg	25 000 E
Bad Dietzenbach	24 000 E
Barsinghausen	33 000 E

Erstaunlich sind z.T. auch die flächenmäßigen Dimensionen. So hat z.B. die ländliche Gemeinde Lengries in Bayern bei nur 8 000 Einwohnern eine Fläche von 243 km^2 und erreicht damit den Zuschnitt früherer Landkreise.

c) *Die Einwohnerzahl einer Gemeinde* betrug vor den Reformen im Durchschnitt 2 414. Nach den Reformen beläuft sich die Einwohnerzahl auf 7 198 pro Gemeinde. (Auch hier wurden die Gemeinden, die einer Gesamtgemeinde angehören, als eigenständige Gemeinden gezählt.) Das entspricht einer Verdreifachung (genau: 2,98) der durchschnittlichen Einwohnerzahl pro Gemeinde.

2. Die Situation bei den Kreisen

a) *Die Zahl der Kreise* hat sich von 425 auf 234 reduziert, was einer Verminderung um 45% entspricht.

b) *Die Durchschnittsfläche eines Kreises* hat sich von rd. 562 km^2 auf rd. 1 000 km^2 erhöht, also nahezu verdoppelt (Flächenanhebung um 78% der Ausgangsfläche).

c) *Die Einwohnerzahl eines Kreises* betrug vor den Reformen im Durchschnitt 84 000. Nach den Reformen beläuft sich die durchschnittliche Einwohnerzahl auf rd. 170 000. Das bedeutet also auch eine Verdoppelung bei den Einwohnerzahlen (103% Zuwachs). Die Größenordnungen sind spürbar angestiegen. Vor der Reform erreichten den Schwellenwert von 150 000 Einwohnern in Bayern und Rheinland-Pfalz kein Kreis, in Schleswig-Holstein zwei Kreise, in Niedersachsen und im Saarland drei Kreise, in Hessen sechs Kreise, in Baden-Württemberg zwölf Kreise. Nur in Nordrhein-Westfalen überschritt eine beträchtliche Anzahl von Kreisen (23) die Einwohnerzahl von 150 000.

3. Die Situation bei den Bezirken

Die Anzahl der Bezirke ging von 33 auf 25 zurück, was einer Abnahme um 24% entspricht. Die durchschnittliche Flächenerweiterung beläuft sich auf 32%. Im Jahre 1965 betrug die Durchschnittsfläche eines Bezirks 7 534 km², seit dem Jahre 1978 beträgt sie 9 945 km².

B. Das Verhältnis der Maßstabsvergrößerung in den Ländern

1. Die Situation bei den Gemeinden

a) Die Reduktion der *Zahl der Gemeinden* ist in den einzelnen Bundesländern sehr unterschiedlich ausgefallen. Gerundet ergeben sich folgende Verhältniswerte:

Land	Abnahme
Schleswig-Holstein	18%
Rheinland-Pfalz	20%
Baden-Württemberg	67%
Niedersachsen	76%
Bayern	70%
Nordrhein-Westfalen	83%
Hessen	84%
Saarland	86%

(Mitgliedsgemeinden von Gesamtgemeinden werden in dieser Tabelle als selbständige Gemeinden behandelt.)

Die Tabelle zeigt, daß die prozentuale Abnahmequote keineswegs in Relation zur unterschiedlichen Ausgangsbasis der Gebietsreform in dem jeweiligen Bundesland steht. Die prozentuale Abnahme in Bayern etwa liegt unter der Abnahmerate von Nordrhein-Westfalen, obwohl Bayern vor der Gebietsreform mit die meisten Klein- und Kleinstgemeinden im Bundesgebiet hatte, während Nordrhein-Westfalen schon vor der Gebietsreform (neben dem Saarland) die durchschnittlich größten Gemeinden im Bundesgebiet aufwies. Die ohnehin großen Gemeinden sind hier noch größer geworden, und der Abstand zur durchschnittlichen bayerischen Gemeinde hat sich auf diese Weise weiter erhöht. Hier einige Zahlen zur Illustration: Vor der Gebietsreform hatten die meisten Gemeinden unter 1 000 Einwohner. Besonders hoch war der Anteil solcher Gemeinden an der Gesamtzahl der Gemeinden in Rheinland-Pfalz (77,6%), Schleswig-Holstein (77,5%) und Bayern (76,0%). Relativ wenig derartige Kleingemeinden wiesen demgegenüber das Saarland (43,2%) und Nordrhein-Westfalen (43,6%) auf.

Betrachtet man in beiden Gruppen die „Spitzenreiter", so ergeben sich für die durchschnittliche Einwohnerzahl folgende Werte:

Vor der Gebietsreform verteilten sich die 3,6 Mio. Einwohner von Rheinland-Pfalz auf 2 921 Gemeinden, die 1,1 Mio. Einwohner des Saarlands auf 347 Gemeinden. Eine durchschnittliche Gemeinde hatte damit in Rheinland-Pfalz 1 232 Einwohner, im Saarland 3 170 Einwohner. Die Vergleichszahlen für Bayern und Nordrhein-Westfalen fallen noch drastischer aus: In Bayern verteilten sich 10 Mio. Einwohner auf 7 097 Gemeinden, in Nordrhein-Westfalen 16,6 Mio. Einwohner auf 2 362 Gemeinden. Damit hatte die durchschnittliche bayerische Gemeinde vor der Reform 1 409, die Nordrhein-Westfalens aber 7 027 Einwohner, also nahezu das Fünffache!

Dieses Verhältnis wurde durch die Gebietsreform nicht nur nicht verbessert, sondern sogar noch (z.T. erheblich) verschlechtert. Auf der Basis des Stichtages 30.6.1978 ergeben sich folgende Verhält-

nisse, wobei in Bayern die Mitgliedsgemeinden von Gesamtgemeinden (Verwaltungsgemeinschaften) als eigene Gemeinden gezählt wurden:
Bayern: 10,8 Mio. Einwohner auf 2052 Gemeinden;
Nordrhein-Westfalen: 17,0 Mio. Einwohner auf 396 Gemeinden.
Damit zählt die durchschnittliche Gemeinde in Bayern 5260 Einwohner, in Nordrhein-Westfalen dagegen 42929 Einwohner. Das ist mehr als das Achtfache!

Das Bild ändert sich nur unwesentlich, wenn man die Gesamtgemeinden als je *eine* Gemeinde in die Berechnung einstellt, ihre Mitgliedsgemeinden also nicht — wie bisher — als selbständige Gemeinden zählt. So hat z.B. in Bayern die Gebietsreform 393 Verwaltungsgemeinschaften geschaffen, denen 1287 der insgesamt 2027 kreisangehörigen Gemeinden angehören. Damit existieren in Bayern nunmehr 1133 kreisangehörige Kommunalverbände, nämlich 740 Gemeinden und 393 Verwaltungsgemeinschaften. Der durchschnittliche Kommunalverband (einschließlich der 25 kreisfreien Städte) zählt in Bayern damit 9326 Einwohner, so daß die durchschnittliche nordrhein-westfälische Gemeinde immer noch um 4,6mal größer ist.

b) Entsprechend unterschiedlich sind die *Durchschnittsflächen der kreisfreien Gemeinden* in den Bundesländern (in Quadratkilometern):

Land	im Jahre 1965	im Jahre 1978	Zuwachs
Baden-Württemberg	101	138	37%
Bayern	33	79	140%
Hessen	83	159	92%
Niedersachsen	70	147	110%
Nordrhein-Westfalen	75	169	125%
Rheinland-Pfalz	48	89	85%
Saarland	53	410	673%
Schleswig-Holstein	92	113	23%
Bundesdurchschnitt	60	150	150%

Sowohl die Steigerungsraten im durchschnittlichen Gebietszuwachs als auch die Durchschnittsflächenzahlen einer kreisfreien Gemeinde in den einzelnen Bundesländern weisen eklatante Unterschiede auf. Selbst wenn man dabei das Saarland wegen seiner Besonderheiten (Stadtverband Saarbrücken) außer Betracht läßt, so ist eine durchschnittliche nordrhein-westfälische Gemeinde immer noch etwa doppelt so groß wie eine durchschnittliche rheinland-pfälzische oder bayerische Gemeinde.

Allgemein kann somit festgestellt werden, daß in Bayern, Rheinland-Pfalz und Schleswig-Holstein der Zuschnitt der Ortsebene kleinräumiger ist, während wir in Baden-Württemberg, Hessen, Nordrhein-Westfalen und dem Saarland einen eher großräumigen Zuschnitt vorfinden.

In den zuletzt genannten Ländern sind vielfach Gemeinden mit einer Ausdehnung von mehr als 200 km^2 entstanden. Dazu Beispiele aus Nordrhein-Westfalen (Quelle: Deutscher Landkreistag, Stand: 1.1.1978):

Schmallenberg . . . . 302 km^2
Bad Berleburg . . . . 275 km^2
Brilon . . . . 229 km^2
Petershagen . . . . 212 km^2

In Niedersachsen wurde aus dem früheren Kreis Melle die Stadt Melle, die das gesamte Gebiet des früheren Kreises umfaßt.

In ihrem Zuschnitt erreichen diese Gemeinden die Größe kleinerer Kreise wie etwa des Main-Taunus-Kreises mit 222 km^2 oder des Kreises Neunkirchen mit 250 km^2.

c) Auch die *Einwohnerzahlen der Gemeinden* (kreisfreie sowie kreisangehörige) sind in den verschiedenen Ländern sehr unterschiedlich.

Die prozentuale Aufteilung in den Ländern zeigt die folgende Tabelle:

Land:	bis 5 000 E	5-7/8 000 E	7/8-30 000 E	über 30 000 E
Baden-Württemberg	6	24	45	25
Bayern	40	38	20	2
Hessen	36	26	36	2
Niedersachsen	6	16	71	7
Nordrhein-Westfalen	3	12,5	58,5	26
Rheinland-Pfalz	0,5	14,5	83	2
Saarland	0	10	74	16
Schleswig-Holstein	33	40	24	3

Quelle: Deutscher Städtetag, Stand: 1.1.1978; für Bayern wurden die Verwaltungsgemeinschaften als eine Gemeinde gezählt, die Mitgliedsgemeinden also nicht gesondert gewertet.

Die Diskrepanzen werden noch deutlicher, wenn man sich die unterschiedlichen Einwohnerzahlen von Gemeinden der gleichen (rechtlichen) Kategorie oder Größenordnung betrachtet. So hat etwa die durchschnittliche kreisfreie Gemeinde in Rheinland-Pfalz 83 000 Einwohner, die in Nordrhein-Westfalen dagegen 335 000 Einwohner; das ist ein Verhältnis von 1:4!

Die durchschnittlichen Einwohnerzahlen einer kreisfreien Gemeinde nach der Gebietsreform im Überblick (in Tausend):

Baden-Württemberg	203
Bayern	137
Hessen	251
Niedersachsen	174
Nordrhein-Westfalen	335
Rheinland-Pfalz	83
Saarland	376
Schleswig-Holstein	163

Diese Durchschnittswerte zeigen, daß auch nach den Gebietsreformen die kreisfreien Städte in den einzelnen Bundesländern größenordnungsmäßig kaum vergleichbar sind.

Besonders extrem erscheinen die Unterschiede zwischen Bayern einerseits und Nordrhein-Westfalen andererseits, wobei wiederum das relativ kleine Saarland wegen seiner Besonderheiten unberücksichtigt bleibt.

Auch die rechtlichen Folgen, die an die Einwohnerzahlen geknüpft werden, sind sehr unterschiedlich und bestätigen so das rein statistisch gewonnene Bild. Während in Bayern 50 000 Einwohner der Schwellenwert zur Kreisfreiheit sind (Art. 5 Abs. 3 bayGO), reichen in Nordrhein-Westfalen 60 000 Einwohner allenfalls zur Erhebung in den Status einer „großen kreisangehörigen Stadt" (§ 3 a Abs. 1 nwGO).

2. Die Situation bei den Kreisen

a) Die Abnahme der *Zahl der Kreise* entspricht in allen Bundesländern — mit Ausnahme des Saarlandes — in etwa der bundesdurchschnittlichen Reduktion von gut 40%; sie sind also um knapp die Hälfte vermindert worden. Die Anzahl der Kreise und ihre prozentuale Abnahme in den einzelnen Bundesländern zeigt die folgende Tabelle:

Land	im Jahre 1965	im Jahre 1978	Abnahme
Baden-Württemberg	63	35	44%
Bayern	143	71	50%
Hessen	39	20	49%
Niedersachsen	60	37	38%
Nordrhein-Westfalen	57	31	46%
Rheinland-Pfalz	39	24	38%
Saarland	7	5	29%
Schleswig-Holstein	17	11	35%

b) Die vor der Reform vorhandenen Unterschiede in den *Durchschnittsflächen der Kreise* in den verschiedenen Bundesländern sind nicht beseitigt. (Im Verhältnis zu den Gemeinden ist allerdings — von den Durchschnittswerten her betrachtet — eine weitgehende Angleichung festzustellen.) Dies macht die folgende Tabelle mit den Durchschnittsflächen der Kreise in den Bundesländern deutlich:

Bundesland:	vor der Reform	nach der Reform
Baden-Württemberg	553 km^2	986 km^2
Bayern	481 km^2	966 km^2
Hessen	522 km^2	1 008 km^2
Niedersachsen	772 km^2	1 213 km^2
Nordrhein-Westfalen	547 km^2	973 km^2
Rheinland-Pfalz	494 km^2	782 km^2
Saarland	359 km^2	432 km^2
Schleswig-Holstein	899 km^2	1 386 km^2

Der durchschnittliche Kreis in Schleswig-Holstein ist damit dreimal so groß wie der durchschnittliche Kreis im Saarland; die Kreise Niedersachsens sind nicht wesentlich kleiner. Auch Rheinland-Pfalz fällt noch augenfällig aus dem Rahmen. Im übrigen aber liegen die sämtlichen Durchschnittsgrößen nahe bei dem Bundesdurchschnittswert von rd. 1 000 km^2.

Die Nivellierung durch die Errechnung von Durchschnittswerten und deren Vergleich darf aber nicht die Sicht dafür verdecken, daß die Größenunterschiede zwischen den *einzelnen* Kreisflächen nach wie vor außerordentlich groß sind. Vor der Reform betrug das Verhältnis zwischen dem größten Kreis Gifhorn mit 1 606 km^2 und dem kleinsten Kreis Plankenburg mit 129 km^2 12,45:1. Nach der Reform beträgt es zwischen dem nunmehr größten Kreis Emsland mit knapp 2 860 km^2 und dem nunmehr kleinsten Kreis, dem Main-Taunus-Kreis mit 222 km^2 12,88:1. Die Spanne hat sich also geringfügig erweitert.

Dabei handelt es sich zwar um extreme Einzelfälle. Darüber hinaus gibt es aber noch eine Reihe von Kreisen um und über 2 000 km^2 und ebenso viele, die z.T. erheblich unter 400 km^2 in ihrer Fläche liegen.

Zu den besonders großflächigen Kreisen gehören nach der Reform neben dem Kreis Emsland:

Rendsburg-Eckernförde	2 185 km^2
Cuxhaven	2 129 km^2
Osnabrück	2 121 km^2
Hannover	2 084 km^2
Schleswig-Flensburg	2 071 km^2
Rothenburg (Nds.)	2 070 km^2
Nordfriesland	2 041 km^2
Ansbach	1 976 km^2
Hochsauerlandkreis	1 958 km^2
Waldeck-Frankenberg	1 849 km^2

Zu den besonders kleinflächigen Kreisen gehören heute neben dem Main-Taunus-Kreis:

Neunkirchen . . . . 250 km^2
Ludwigshafen . . . . 305 km^2
Fürth . . . . 308 km^2
Lindau . . . . 323 km^2
Offenbach . . . . 356 km^2

Das Gebiet dieser Kreise ist damit wesentlich kleiner als die Fläche von Hamburg (748 km^2) und Köln (405 km^2) und etwa von gleicher Größe wie die Städte Bremen (324 km^2), Bielefeld (259 km^2), Münster (302 km^2) und Wolfsburg (204 km^2).

c) Die durchschnittliche *Einwohnerzahl der Kreise* in den einzelnen Ländern zeigt die folgende Tabelle (in Tausend):

Bundesland	im Jahre 1965	im Jahre 1978	Zuwachs
Baden-Württemberg	104	208	100 %
Bayern	46	104	126 %
Hessen	90	202	123 %
Niedersachsen	84	153	82 %
Nordrhein-Westfalen	149	300	101 %
Rheinland-Pfalz	69	110	59 %
Saarland	141	142	0,007%
Schleswig-Holstein	103	176	70 %

Sowohl die absoluten Zahlen als auch die prozentualen Veränderungen zeigen, daß die Gebietsreform die Unterschiede in der durchschnittlichen Einwohnerzahl der Kreise nicht beseitigt hat. Vor der Gebietsreform betrug z.B. die durchschnittliche Einwohnerzahl der Kreise Nordrhein-Westfalens (Spitzenreiter) mehr als das Dreifache der Vergleichszahl Bayern. Dieses Verhältnis hat sich auch durch die Gebietsreform kaum verändert (nunmehr: knapp das Dreifache).

Noch augenfälliger werden die nach wie vor bestehenden Diskrepanzen, wenn man statt der Durchschnittswerte die absoluten Spannen zwischen den einzelnen kleinen und großen Kreisen betrachtet.

Die größte Einwohnerzahl hat seit der Reform der Kreis Recklinghausen mit rd. 629 000 Einwohnern, der einwohnerschwächste Kreis ist zur Zeit der Landkreis Lüchow/Dannenberg mit knapp 49 000 Einwohnern. Das ist ein Verhältnis von rd. 13:1. Vor der Reform war ebenfalls der Kreis Recklinghausen der einwohnerstärkste Landkreis; er hatte etwa 335 000 Einwohner. Beim damals einwohnerschwächsten Landkreis Hasbergen betrug die Einwohnerzahl 14 300. Das ist ein Verhältnis von rd. 23:1. Die Spannweite hat sich damit zwar erheblich verengt, ist aber absolut gesehen immer noch sehr groß.

Die vorstehend genannten Kreise sind zwar Einzelfälle. Bei der durchschnittlichen Einwohnerzahl von 167 627 gibt es darüber hinaus aber noch eine Reihe von Kreisen mit z.T. erheblich über 400 000 Einwohnern einerseits und z.T. erheblich unter 80 000 Einwohnern andererseits.

Zu den besonders einwohnerreichen Landkreisen zählt außer Recklinghausen nach der Reform:

Hannover 536 000
Eßlingen 453 000
Rhein-Neckar-Kreis 452 000
Rhein-Sieg-Kreis 446 000
Mettmann 475 000
Märkischer Kreis 424 000
Ludwigsburg 426 000
Wesel 411 000
Neuß 404 000

Zum Vergleich Einwohnerzahlen aus einigen Großstädten:

Stadt Frankfurt	633 000
Stadt Dortmund	615 000
Stadt Hannover	540 000
Stadt Nürnberg	487 000
Stadt Wuppertal	397 000

Nach der Einwohnerzahl besonders kleine Landkreise sind außer Lüchow/Dannenberg:

Daun	56 000
Cochem/Zell	63 000
Donnersberg-Kreis	67 000
Lichtenfels	66 000
Lindau	69 000
Dingolfing-Landau	72 000
Freyung-Grafenau	73 000
Neuburg-Schrobenhausen	74 000

3. Zwischenergebnis

Will man die Maßstabsvergrößerungen in den Ländern kurz und zusammenfassend charakterisieren, so kann dies mit der lapidaren Feststellung geschehen: In der Bundesrepublik Deutschland fehlt es nach wie vor an einer Vergleichbarkeit sowohl der Gemeinden als auch der Kreise.

Auch nach der Reform gibt es keine maßstabliche Homogenität auf dieser Verwaltungsstufe. Bei einer realistischen Sicht der Lage war dies freilich auch nicht anders zu erwarten: „Bekanntlich ist die Bundesrepublik Deutschland ein verhältnismäßig inhomogener Flächenstaat, dessen gewachsene lokale Gegebenheiten alle Schattierungen aufweisen zwischen dicht bevölkerten industriellen Ballungsgebieten mit weithin verstädtertem Charakter bis hin zu bevölkerungsarmen Regionen, in denen die ländliche Kleingemeinde vorherrscht. Solche Gegensätzlichkeit der *vorgefundenen* lokalen Strukturen macht von vornherein die Verwirklichung eines *einheitlichen Grundmusters* der Gebietsreform in allen Bundesländern oder auch nur in einem Bundesland unmöglich"[17]. Was man aber füglich hätte erwarten können, wäre *etwas mehr Homogenität* gewesen, eine Vereinheitlichung wenigstens im Ansatz, die über einen Abbau der Kleinstkommunen hinausreicht.

Die fortbestehenden räumlichen Maßstabsdisparitäten haben ihr Pendant im Fortbestehen eines unterschiedlichen gemeindlichen Gliederungsprinzips[18].

C. Die rechtlichen Gliederungsprinzipien auf Gemeindeebene

An dem Grundschema der Verwaltung in den Ländern haben die Gebietsreformen nichts geändert[19]. Während die Kreise nach wie vor im wesentlichen rechtlich übereinstimmend aufgebaut sind und vergleichbare Aufgaben wahrnehmen, weisen die Gemeinden auch nach der Reform durchaus unterschiedliche Organisationsformen und Kompetenzen auf; die Differenzierungen sind sogar eher größer geworden. Allein die kreisfreien Gemeinden sind über alle Länder hinweg relativ einheitlich gestaltet[20]. Die Differenzierungen finden sich bei den kreisangehörigen Gemeinden, und

---

[17] BURMEISTER, DÖV, 1979, S. 387.
[18] Dazu auch BLÜMEL, VVDStRL 36 (1978), S. 187 m.z.N.
[19] Dazu prägnant LOSCHELDER, DÖV 1969, S. 226.
[20] Vgl. WOLFF/BACHOF, aaO. (FN 11), § 86 VI b, S. 202 f.

sie reichen von der Großen Kreisstadt über die Landgemeinde bis zur Gesamtgemeinde[21]). Die Namen stehen für rechtliche Besonderheiten im Hinblick auf die Organisation, und vor allem im Hinblick auf die Zuweisung von Aufgaben.

Die Sonderstellung der Großen Kreisstädte beruht im wesentlichen darin, daß sie als kreisangehörige Gemeinden auch Aufgaben wahrnehmen dürfen, die ansonsten den unteren staatlichen Verwaltungsbehörden bei den Kreisen bzw. Landratsämtern und den kreisfreien Gemeinden vorbehalten sind. Damit hört allerdings die länderübergreifende Einheitlichkeit auch schon wieder auf. Verwirrend ist die Vielfalt der rechtlichen Varianten bei der Aufgabenzuweisung an die Großen Kreisstädte. Das Spektrum reicht von einer pauschalen Zuweisung der Aufgaben einer unteren Verwaltungsbehörde durch Gesetz, wovon wiederum durch besondere gesetzliche Regelung einige Kompetenzen ausgenommen sind[22]), über den generellen Vorbehalt einer Übertragung von Aufgaben durch gesonderte Rechtsverordnung[23]) bzw. Gesetz und Rechtsverordnung[24]) bis zu einem Hinweis auf die Übertragung von Aufgaben durch sonstiges Recht[25]). Die Gemeindeordnung von Schleswig-Holstein unterscheidet nur hinsichtlich der Gemeindeorganisation und der aufsichtsführenden Stelle[26]). Hessen schließlich kennt nominell überhaupt keinen Unterschied innerhalb kreisfreier Städte, überträgt aber in der Landkreisordnung (§ 59 Abs. 1) Städten über 10 000 Einwohnern Aufgaben des Landkreises mit dem Vorbehalt zugunsten der Landesregierung, durch Verordnung gewisse Aufgaben davon auszunehmen. Entsprechend der Art der Aufgabenzuweisung differieren auch die zugewiesenen Aufgaben von Bundesland zu Bundesland nicht unerheblich[27]). Also auch hier keine Einheitlichkeit.

Unterschiedlich hoch sind nicht zuletzt auch die Mindesteinwohnerzahlen als Voraussetzung für eine Privilegierung kreisangehöriger Städte. Sie reichen von 10 000 Einwohnern in Hessen[28]) bis zu einem Schwellenwert von 60 000 Einwohnern in Nordrhein-Westfalen[29]).

Nebenbei muß noch vermerkt werden, daß die Bezeichnung „Große Kreisstadt" nur in Baden-Württemberg[30]) und Bayern[31]) gewählt wurde. In Niedersachsen lautet der Terminus „Große selbständige Stadt" und „Selbständige Stadt"[32]), in Nordrhein-Westfalen und Rheinland-Pfalz „Große kreisangehörige Stadt" und „Mittlere kreisangehörige Stadt"[33]), im Saarland „Mittelstadt"[34]). Hessen und Schleswig-Holstein haben keine besondere Bezeichnung für privilegierte kreisangehörige Städte.

---

[21]) Dazu WOLFF/BACHOF, aaO. (Anm. 11), § 86 VI a, S. 201 f.; vgl. etwa auch WAGENER, in: Der Kreis, Erster Band (1972), S. 55 f. m.w.N.

[22]) Siehe etwa Baden-Württemberg: § 13 Abs. 1 Ziff. 1 LVG (Landesverwaltungsgesetz i.d.F. vom 1. April 1976, GBl. S. 325, zuletzt geändert durch Gesetz vom 25. April 1978, GBl. S. 227) mit § 16 LVG, der Ausnahmen für 23 Sachgebiete normiert. Eine ähnliche Regelung kennt Niedersachsen in § 11 Abs. 1 GO, wobei Ausnahmen von der Aufgabenübertragung auch noch durch Verordnung bestimmt werden können.

[23]) So Art. 9 Abs. 2 bayGO i.V.m. der Verordnung vom 15. Juni 1972 (GVBl. S. 202, zuletzt geändert durch Verordnung v. 21. Juli 1978, GVBl. S. 505).

[24]) So § 3 a Abs. 1 nwGO.

[25]) So in Rheinland-Pfalz: § 6 Abs. 2 GO.

[26]) Siehe § 121 shGO.

[27]) Siehe etwa einerseits die vorbehaltenen Aufgaben in § 16 bwLVG und andererseits die übertragenen Aufgaben nach § 1 der bayerischen VO v. 15. Juni 1972 (siehe aaO., FN 23) oder nach §§ 1, 2 der niedersächsischen VorbehaltsVO v. 1. August 1977 (GVBl. S. 295, zuletzt geändert durch VO v. 22. März 1978, GVBl. S. 275).

[28]) § 59 Abs. 1 hessLKrO i.V.m. der Verordnung über die Verteilung der Aufgaben der Landesverwaltung auf die Kreisstufe v. 24. März 1952 (in: FUHR/PFEIL, Nr. 50 a). Darüber hinaus können Kreisaufgaben sogar auf Gemeinden unter 10 000 Einwohnern übertragen werden: § 59 Abs. 2 hess LKrO i.V.m. der Verordnung über die Übertragung der Aufgaben der Landesverwaltung von der Kreisstufe auf Gemeinden vom 1. April 1953 (in: FUHR/PFEIL, Nr. 50 b).

[29]) § 3 a Abs. 1, erste Alternative nwGO.

[30]) § 3 Abs. 2 bwGO.

[31]) Art. 5 a Abs. 4 bayGO.

[32]) §§ 10 Abs. 2, 12 ndsGO.

[33]) § 3 a Abs. 1 nwGO; § 6 rpGO.

[34]) § 4 Abs. 3 saGO.

Ein ähnliches Bild läßt sich im Hinblick auf den Zusammenschluß von kreisangehörigen Gemeinden zu Gemeindeverbänden der untersten Ortsebene, den Gesamtgemeinden, feststellen[35]. In Baden-Württemberg und Bayern werden sie „Verwaltungsgemeinschaft" genannt[36], in Niedersachsen „Samtgemeinde"[37], in Rheinland-Pfalz „Verbandsgemeinde"[38] und in Schleswig-Holstein „Amt"[39]. Neben den Fremdaufgaben der Mitgliedsgemeinden nimmt die Gesamtgemeinde durchweg auch einige eigene Angelegenheiten dieser Kommunen wahr, unter anderem die Aufstellung der Flächennutzungspläne[40].

Im übrigen sind auch hier Art und Umfang der zugewiesenen Aufgaben von Land zu Land unterschiedlich; von Homogenität kann keine Rede sein, zumal es auch Länder gibt (Hessen, Nordrhein-Westfalen, Saarland), die den Verband auf Ortsebene überhaupt nicht kennen. Hinzukommt, daß die Zahl der Mitgliedsgemeinden von Land zu Land stark schwankt. Die Zahl der Verbände auf Ortsebene beträgt insgesamt 1091. Bei 6 248 Mitgliedsgemeinden ergibt sich, daß eine Gesamtgemeinde durchschnittlich knapp sechs Mitgliedsgemeinden umfaßt. In Rheinland-Pfalz sind 2 271 Gemeinden zu 164 Verwaltungsgemeinschaften zusammengefaßt worden. Im Durchschnitt umfaßt damit hier eine Verwaltungsgemeinschaft 14 selbständige Gemeinden. In Bayern sind 1 287 Gemeinden zu 393 Verwaltungsgemeinschaften zusammengefaßt worden. Hier zählt eine Verwaltungsgemeinschaft damit nur etwas über vier selbständige Gemeinden.

Einen anschaulichen Überblick über die Zahl der Gemeinden und Gemeindetypen in den Bundesländern nach dem Stand vom 1.1.1978 gibt die folgende Tabelle:

	insges.	davon kreisfrei	davon kreisangeh.	von den k. a. Gem. sind Einh. Gem.	Mitgl. v. Ges. Gem.
Baden-Württemberg	1 111	9	1 102	183	916
Bayern	2 052	25	2 027	740	1 287
Hessen	423	6	417	416	—
Niedersachsen	1 030	9	1 021	273	744
Nordrhein-Westfalen	396	23	373	373	—
Rheinland-Pfalz	2 320	12	2 308	37	2 271
Saarland	50	—	50	50	—
Schleswig-Holstein	1 132	4	1 128	98	1 028
Stadtstaaten	4	4	—	—	—
Zusammen	8 518	92	8 426	2 170	6 248

Wenigstens kurz erwähnt seien schließlich die Gemeindeverbände oder „Umlandkreise", die zur Bewältigung von *Stadt-Umland-Problemen*, also von solchen Problemen geschaffen worden sind, die aus der Entstehung von Ballungsräumen um Großstädte erwachsen[41]: so der Stadtverband Saar-

---

[35]) Dazu WOLFF/BACHOF, aaO. (FN 11), § 88, S. 248 ff.

[36]) §§ 59 ff. bwGO; Art. 1 ff. des bayErsten Gesetzes zur Stärkung der kommunalen Selbstverwaltung vom 22. Juli 1971 (GVBl. S. 247, zuletzt geändert durch Gesetz vom 13. Juni 1977, GVBl. S. 237). Zu den rechtlichen Voraussetzungen für die Bildung von Verwaltungsgemeinschaft in Bayern: BAYVGH v. 26.7.77, BayVBl. 1979, S. 623 ff.

[37]) § 71 ndsGO.

[38]) §§ 64 ff. rpGO. – Vgl. dazu etwa BRENKEN, DÖV 1969, S. 372 f.; STICH, DÖV 1969, S 238 f.; SIEDENTOPF, Die Verwaltung 1971, S. 279 ff.

[39]) §§ 1 ff. shAO (Amtsordnung i.d.F. vom 11.11.1977, GVOBL, S. 410).

[40]) Vgl. etwa § 61 bwGO; § 72 Abs. 1 ndsGO; § 67 Abs. 2 rpGO.

[41]) Einen prägnanten Problemaufriß gibt WAGENER, in: Festschrift für Werner Weber (1974), S. 957 ff. Siehe außerdem die Nachweise bei BLÜMEL, VVDStRL 36 (1978), S. 181 m. Fußnote 42, sowie M. SCHRÖDER, Die Verwaltung 1979, S. 1 ff.

brücken⁴²), der Umlandverband Frankfurt⁴³) und der Verband Großraum Hannover⁴⁴/⁴⁵); ebenso hierher gehören Nachbarschaftsverbände⁴⁶) und kommunale Nachbarschaftsbereiche⁴⁷). Diese an der jeweils spezifischen Situation ausgerichteten und dementsprechend auch besonders organisierten und konstruierten kommunalen Aufgabenträger für Ballungsgebiete ergänzen und vervollständigen das bunte Bild der Gliederungsprinzipien auf Gemeindeebene. Soweit, wie vor allem in Nordrhein-Westfalen, die kommunale Gebietsreform die Stadt-Umland-Problematik im Wege der Eingemeindungen zu lösen versucht, kommt die Bezirksverfassung als ein weiteres Merkmal der Differenzierung ins Blickfeld⁴⁸).

D. *Zusammenfassung*

Eine vordergründige Zusammenfassung und eher globale Auswertung der Bilanz ergibt zunächst negativ, daß sich die Verschiedenartigkeit der Kommunen, vor allem der Gemeinden, im Hinblick auf Fläche, Einwohnerzahl und Organisationsform nicht geändert hat. Zum Teil ist die Verschiedenartigkeit sogar noch größer geworden, und zwar sowohl länderintern als auch im Verhältnis der Länder zueinander.

Als wesentliches Ergebnis der Reform verbleibt damit prima facie eine *Änderung der Quantität*, i.e. eine räumliche Maßstabsvergrößerung und eine Erhöhung der Einwohnerzahlen je Kommune. Extrem kleine Kreise gibt es nicht mehr; gleiches gilt für die Kleinstgemeinden. Kleingemeinden wurden entweder eingemeindet oder zu Gesamtgemeinden zusammengeschlossen.

Die Maßstabsvergrößerungen sind aber natürlich nicht nur ein oberflächlich-quantitatives Phänomen. *Die veränderte Quantität hat zu einer anderen Qualität geführt.* Das gilt einmal schon im Hinblick auf die *absolute Größe*. Sind kreisangehörige Gemeinden zwischen 200 und 400 km² und Einwohnerzahlen um 150 000 noch kreisangehörige Gemeinden? Kann man Kreise mit einer Fläche von 2 000 bis 2 500 km² und einer Einwohnerzahl zwischen 400 und 500 000 noch in das herkömmliche Kreisbild einfügen? Sind das nicht eher regionale Dimensionen? Der Kreis Emsland ist mit seinen knapp 3 000 km² sogar größer als das Saarland (rd. 2 600 km²). Es gibt „Grenzen der Veränderung und Vergrößerung des Gebietszuschnitts, jenseits derer notwendig eine qualitative Veränderung der Gebietseinheit eintritt"⁴⁹).

Auch die *relativen Größenverhältnisse* führen zu neuen Fragen qualitativer Art. Hier ergeben sich — wie SIEDENTOPF⁵⁰) zutreffend feststellt — zwischen den Ländern Differenzen, die nicht allein durch

---

⁴²) Siehe §§ 142 ff. saKommunales SelbstverwaltungsG i.d.F. vom 2. Januar 1975 sowie etwa WOLFF/BACHOF, aaO. (FN 11), § 89 XII a, S. 268 f. und ROTHE, DVBl. 1975, S. 35 ff.

⁴³) Siehe hessisches Gesetz über den Umlandverband Frankfurt v. 11. September 1974 sowie etwa WOLFF/BACHOF, aaO. (FN 11), § 89 XII b, S. 269 f., ROTHE, DVBl. 1975, S. 532 ff. und BORCHMANN, AfK 1977, S. 23 ff.

⁴⁴) Siehe niedersächsisches Gesetz über den Verband Großraum Hannover i.d.F. vom 11. Februar 1974 sowie etwa WOLFF/BACHOF, aaO. (FN 11), § 89 XII c, S. 270 und WEYL, AfK 1977, S. 178 ff.

⁴⁵) Der Verband Großraum Braunschweig, errichtet durch niedersächsisches Gesetz vom 16. Oktober 1973, ist durch Gesetz über die Auflösung des Verbands Großraum Braunschweig vom 26. Mai 1978 mit Ablauf des 31. Dezember 1978 aufgelöst.

⁴⁶) Siehe baden-württembergisches Nachbarschaftsverbandsgesetz (Viertes Gesetz zur Verwaltungsreform) vom 9. Juli 1974.

⁴⁷) Siehe § 8 rpGO, wonach Ober- und Mittelzentren und benachbarte Gebietskörperschaften durch Rechtsverordnung der Landesregierung einen nichtrechtsfähigen Nachbarschaftsbereich bilden können.

⁴⁸) Allgemein dazu BLÜMEL, VVDStRL 36 (1978), S. 230 f., sowie GRAWERT, ebenda, S. 320 ff., jeweils m.w.N. Speziell zur „Einheitsgemeinde mit Bezirksverfassung" in Nordrhein-Westfalen: ROTHE, DVBl. 1975, S. 535 f.

⁴⁹) SIEDENTOPF, DVBl. 1975, S. 14; vgl. auch SEELE, der landkreis 1974, S. 228 m.w.N.; TIEDEKEN, der landkreis 1978, S. 490 f.

⁵⁰) DVBl. 1975, S. 16.

die unterschiedliche Bevölkerungsdichte gerechtfertigt sind. Wenn etwa in Bayern der Schwellenwert für eine kreisfreie Stadt bei 50 000 Einwohnern liegt, in Nordrhein-Westfalen dagegen noch Städte über 150 000 Einwohnern eingekreist werden, so zwingt dies in der Tat zu der Überlegung, „ob derselbe Begriff noch einen inhaltlich vergleichbaren Komplex von politischer und administrativer Aufgabenstellung deckt".

Ist also Gemeinde noch Gemeinde, ist Kreis noch Kreis? Die Reform hat die Struktur der einzelnen Kommunen ebenso gründlich geändert wie die kommunale Struktur insgesamt. Die neue Situation schafft Probleme, deren Bedeutung wir im Grundsätzlichen und im Detail heute eher ahnen als erkennen und im wesentlichen nur konturieren können. Sie beziehen sich gleichermaßen auf die interne Lage der einzelnen Kommune wie auf das Verhältnis der Kommunen zueinander, das Verhältnis der Gemeinden zu den Kreisen und das Verhältnis der Kommunen zu höherrangigen Organisationen, zu Bezirk, Land, Bund.

Gibt es nach der Reform noch allseits anerkannte Zentren in Gemeinden und Kreisen[51])? Wie steht es nach den erheblichen räumlichen Maßstabsvergrößerungen mit der Homogenität der kommunalen Gebiete[52])? Führt die Vermehrung der Aufgaben und die Vergrößerung vor allem der Kreistage auf 100 und mehr Mitglieder nur zu einer atmosphärischen Veränderung oder zu einer echten Parlamentarisierung der kommunalen Räte? Welche Rolle werden dabei die Parteien spielen[53])? Ist die Fläche vieler Kreise nicht zu ausgedehnt und die Zahl ihrer Gemeinden nicht zu groß geworden, um die erforderliche Betreuungs- und Kontrollfunktion noch angemessen ausüben zu können? Wie steht es mit der Integrationskraft der kommunalen Giganten[54])? Ist das vornehmliche Reformziel der Effektivitätssteigerung erreicht[55])?

Das sind einige Fragen, willkürlich herausgegriffen aus dem umfangreichen Problembündel einer unbewältigten Zukunft. Im folgenden wird es vor allem um die Wirkungen der Reform für die Raumordnung und Landesplanung und damit um einen Ausschnitt dieses breit angelegten Problemfeldes gehen.

---

[51]) Vgl. etwa SEELE, der landkreis 1974, S. 228.

[52]) Dazu etwa SCHNUR, Regionalkreise? (1971), S. 34 f.; PÜTTNER, in: Wallthor/Petri (Hrsg.), Grundfragen der Gebiets- und Verwaltungsreform in Deutschland (1973), S. 32 ff.; SEELE, der landkreis 1974, S. 228; VON DER HEIDE, Bauwelt 1979, S. 172.

[53]) Dazu GRAWERT, VVDStRL 36 (1978), S. 325 ff. m.w.N.

[54]) Die negativen Stimmen überwiegen: SCHMIDT-JORTZIG, DVBl. 1977, S. 803 ff.; PÜTTNER, aaO. (FN 52), S. 25 ff.; HOPPE, ebenda, s. 73 ff.; W. BÜCKMANN, aaO. (FN 1), S. 13 ff.; SEELE, der landkreis 1974, S. 325 m.w.N. Eher positiv dagegen etwa KNEMEYER, BayBgm 1976, Heft 10, S. 22; WAGENER, der landkreis 1977, S. 436 f.

[55]) Verneinend SCHMIDT-JORTZIG, DVBl. 1977, S. 801 ff.; sehr skeptisch SEELE, der landkreis 1974, S. 325; HIRSCH, Ökonomische Maßstäbe für die kommunale Gebietsreform (1971), passim.

ZWEITER TEIL

Die Folgewirkungen der kommunalen Gebietsreformen für die Raumordnung und Landesplanung

Die Bedeutung der Fragestellung liegt auf der Hand[56]). Die Beantwortung steht unter dem Handicap mangelnder Erfahrungen mit der Situation nach der Reform. Dieses Defizit spielt hier eine größere Rolle als in anderen Bereichen; denn Planung wird in besonderem Maße von Fakten, von informellen Organisationsstrukturen, von der Wirklichkeit beeinflußt. Analysen müssen daher äußerst vorsichtig angelegt werden, dezidiert eindeutige Vorschläge sind noch nicht möglich; unsere gedankliche Fortbewegung muß eher tastend als greifend sein. Die Gefahr von Fehlgriffen wäre sonst zu groß. In diesem Sinne geht es um eine organische und anpassende Fortentwicklung des Raumplanungssystems in der neuen Lage nach der Gebietsreform. Drei Bereiche scheinen mir von besonderem Interesse zu sein:

— die Kreisplanung,
— die „Schärfe" landesplanerischer Bestimmungen,
— das zentralörtliche System[57]).

I. Die Kreisplanung

1. Von der Innenplanung zur Außenplanung

Der Kreis besitzt, wie jede Gebietskörperschaft, die Kompetenz zur *Innenplanung*, die auch Entwicklungsplanung sein kann. Das ist unbestritten[58]).

Tatsächlich werden die Kreise in Zukunft immer weniger ohne gründliche Planung auskommen. Die nach wie vor gegebene Notwendigkeit einer Verbesserung der Infrastruktur gerade in ländlichen Gebieten und der gleichsam natürliche Zuwachs an überörtlichen Aufgaben der Daseinsvorsorge nach Zahl und Gewicht[59]) haben den Kreis zu einem bedeutenden Träger öffentlicher Einrichtungen werden lassen. Er wird daher insofern zutreffend als „wahre Kommune" gewertet[60]), die „gleicher-

---

[56]) So sieht z.B. BLÜMEL, (VVDStRL 36 (1978), S. 227 f.) als Therapievorschlag zur Stärkung der kommunalen Selbstverwaltung neben einer Verbesserung der Finanzausstattung nur noch die „verstärkte *Mitwirkung* der kommunalen Selbstverwaltungskörperschaften, vor allem der kreisangehörigen Gemeinden und Städte, bei einem Teil der bisher so bezeichneten staatlichen *Planungen*".

[57]) Selbstverständlich sind damit die möglichen Folgewirkungen der Gebietsreformen für Raumordnung und Landesplanung nicht erschöpfend angezeigt. Das ist hier auch nicht möglich. Zu nennen wären z.B. noch das Stadt-Umland-Problem (vgl. dazu ERSTER TEIL, II C), dessen Brisanz sich allerdings derzeit durch die Eingemeindungen im Rahmen der Gebietsreformen verringert hat.

[58]) PAPPERMANN, DÖV 1973, S. 510; VON DER HEIDE, der landkreis 1974, S. 253; SIEDENTOPF, DVBl. 1975, S. 16 f.; SCHMIDT-ASSMANN, DVBl. 1975, S. 8, 12. — Tatsächlich ist bloße Innenplanung von den Kreisen auch schon bisher in mehr oder minder großem Umfang betrieben worden. Vgl. im übrigen: „Kommunale Entwicklungsprogramme. Grundsätze und staatliche Förderung", Gemeinsame Bekanntmachung der Bayerischen Staatsministerien des Innern und für Landesentwicklung und Umweltfragen vom 24. Juni 1974, LUMBl Nr. 6 vom 22. Juli 1974, S. 62.

[59]) Vgl. dazu etwa BVerfGE 34, 216/233; WAGENER, Gemeindeverbundrecht in Nordrhein-Westfalen (1967), S. 48; LAUX, in: Der Kreis, Erster Band (1972), S. 112 f.; VON UNRUH, DVBl. 1973. S. 7.; SIEDENTOPF, DVBl. 1975, S. 15, 19; GÖB/LAUX/SALZWEDEL/BREUER, Kreisentwicklungsplanung (1974), S. 14 ff. — Zu nennen wären hier etwa folgende Bereiche: Bildungswesen, Sozialhilfe, Jugendpflege, Sportstätten, Erholungsgebiete, Energie- und Wasserversorgung, Krankenhaus- und Rettungswesen, überörtliche Verkehrsverbindungen, Kreisstraßen, Landschafts-, Kultur-, Heimatpflege, Verbesserung regionaler Wirtschaftsstruktur, Naturparke, Abfallbeseitigung, Schulentwicklung.

[60]) VON UNRUH, DVBl. 1973, S. 1 ff.

maßen und mit gleichwertigen Selbstverwaltungsaufgaben" wie die Gemeinde betraut ist[61]). Die Tatsache, daß gerade auch die von den Kreisen wahrzunehmenden Aufgaben heute — wie das BVerfG[62]) formuliert — „anspruchsvoller gesehen" werden, „eine intensivere und schwierigere Bearbeitung" verlangen und deshalb „besser organisierte Ämter, qualifiziertere Kräfte und höhere Mittel" fordern sowie eine „sinnvolle und wirtschaftliche Konzentration der Kräfte und der Mittel ... die Bildung größerer Verwaltungseinheiten" erzwingt, war einerseits ausschlaggebend für die Gebietsreformen und die Maßstabsvergrößerung auch bei den Kreisen. Andererseits sind es gerade die Gebietsreformen, die ihrerseits das Wesen der Kreise als echte Selbstverwaltungskörperschaften akzentuieren. Eine besondere Rolle spielt hierbei die gestärkte Verwaltungskraft der kreisangehörigen Gemeinden. Die den Kreis vor der Reform stark belastenden (überörtlich-summativen) Ergänzungsfunktionen[63]) treten zurück. Kapazitäten werden frei und verstärken die Erkenntnis, daß alle weiteren Überlegungen „an den echt übergemeindlichen (überörtlich-integralen) Aufgaben anzusetzen haben"[64]).

Die zunehmende Verselbständigung des Kreises zur echten Kommune fördert den Gedanken einer selbständigen Planungskompetenz auf Kreisebene, und es kommt daher nicht von ungefähr, daß die Gebietsreformen der Forderung nach einer Kreisplanung verstärkt Auftrieb gegeben haben[65]). Nach den Gebietsreformen drängt sich nun wirklich die Frage auf, warum eigentlich der Kreis, anders als die Gemeinde, keine Planungskompetenz für seinen Bereich haben sollte, und diese Frage zielt dementsprechend auf eine *Kreisplanung (auch) mit Außenwirkung*. Die Frage stellt sich umso zwingender, als der Kreis (Kreisverwaltung/Landrat/Oberkreisdirektor) in nahezu allen Bundesländern untere staatliche Landesplanungsbehörde ist und als solche ohnehin dafür zu sorgen hat, daß die auf seinen Bereich bezogenen Planungen miteinander abgestimmt, koordiniert und einheitlich konzipiert sind. Zutreffend sieht TIEDEKEN[66]) in dieser Kompetenz einen „zusätzlichen wichtigen Ansatzpunkt mit Gelenkfunktion, um die Planung für die Zukunft verbessert betreiben, koordinieren und realisieren zu können". Vor allem aber zeigt diese Kompetenz zusammen mit den bereits gegebenen und noch zu erwartenden Fachplanungszuständigkeiten der Kreise auch, daß der Kreis eine gleichsam „geborene" Planungsebene ist. Es muß in der Tat als ein „evidenter Mangel" angesehen werden, daß dem Kreis „als einem so stark flächenbezogenen Verwaltungsträger bisher kein umfassendes Raumplanungsinstrument an die Hand gegeben ist"[67]). Von hier aus wird die allgemeine Forderung nach Deckungsgleichheit von Planungs- und Verwaltungsraum mit ihrem schon immer spezifischen Bezug zur Kreisplanung besonders überzeugend und spricht zusätzlich für eine selbständige Kreisplanung. Das Junctim fördert zweifellos den Realitätsbezug und die Effektivität der Planung[68]). Vor allem führt die Deckungsgleichheit notwendig zu einer stärkeren Berücksichtigung des finanziellen Aspekts und verhindert Verfahren nach der reformistischen Devise: Diese Planung ist so wichtig, daß die Frage ihrer Finanzierung unberücksichtigt bleiben kann.

Was heißt aber nun Kreisplanung mit Außenwirkung. Hier gibt es Modelle.

---

[61]) BVerfGE 23, 353/367.

[62]) BVerfGE 34, 216/233.

[63]) WERNER WEBER, Entspricht die gegenwärtige kommunale Struktur den Anforderungen der Raumordnung? Empfehlen sich gesetzgeberische Maßnahmen der Länder und des Bundes? Welchen Inhalt sollten sie haben? in: Verhandlungen des 45. Deutschen Juristentages, Band I, (Gutachten), 1964, S. 7 f.

[64]) SCHMIDT-ASSMANN, DVBl. 1975, S. 5.

[65]) WERNER WEBER, in: Der Kreis, Erster Band (1972), S. 91: „Die Vergrößerung der Kreise schafft .. die Voraussetzung für eine Neuorientierung der Mitwirkung der Kreise in der Raumplanung ...". Vgl. auch PAPPERMANN, DÖV 1973, S. 506; VON DER HEIDE, der landkreis 1974, S. 252; GÖB/LAUX/SALZWEDEL/BREUER, Kreisentwicklungsplanung (1974), S. 16 f.; TIEDEKEN, der landkreis 1978, S. 492.

[66]) der landkreis 1978, S, 492.

[67]) LEIDINGER, Eildienst LKT/NW 1974, S. 100; SCHMIDT-ASSMANN, DVBl. 1975, S. 8; GÖB/LAUX/SALZWEDEL/BREUER, Kreisentwicklungsplanung (1974), S. 17 ff.

[68]) Dazu vor allem WAGENER, Kreisneugliederung an der Rheinachse — Kreis Düsseldorf-Mettmann (1972), S. 210 ff.; DERS., DVBl. 1970, S. 95 f.; DERS., der landkreis 1977, S. 19 f., S. 439 f.; vgl. etwa auch LAUX, in: Der Kreis, Erster Band (1972), S. 126; PAPPERMANN, DÖV 1973, S. 506; STICH, DVBl. 1973, S. 599; SCHMIDT-ASSMANN, DVBl. 1975, S. 5 f.; KAPPERT, DÖV 1978, S. 430.

2. Zwei richtungsweisende Modelle

Sehr weit, manchem sicher zu weit, ist der niedersächsische Gesetzgeber gegangen, der in seinem Raumordnungs- und Landesplanungsgesetz des Jahres 1978 *die Landkreise und die kreisfreien Städte für ihr Gebiet zu den alleinigen Trägern der Regionalplanung* erklärt hat[69]). Das Modell ist gewiß richtungsweisend[70]); ob es sich in dieser Form freilich bewähren wird, bleibt abzuwarten. Schwierigkeiten dürften in den Verdichtungsräumen sowie ganz allgemein bei der gegenseitigen Abstimmung und Koordinierung auftreten. Selbst TIEDEKEN[70]), ein Verfechter dieses Modells, meint, daß insofern auf das Instrument der regionalen Planungsgemeinschaft zurückgegriffen werden müsse[71]).

Schon der größeren Behutsamkeit wegen erscheint daher empfehlenswerter und erfolgversprechender das vor allem von SCHMIDT-ASSMANN[72]) für Nordrhein-Westfalen vorgeschlagene *Modell einer instanziell differenzierten Regionalplanung,* „innerhalb dessen die Kreise einen Teil der bisherigen Gebietsentwicklungsplanung zu leisten hätten, während der andere Teil dieser Planung auf die vergrößerten Regierungsbezirke (und die dort zu bildenden Bezirksplanungsräte) zu übertragen wäre". Anhand einer Auflistung und differenzierten Abgrenzung weist SCHMIDT-ASSMANN[73]) auch überzeugend nach, „daß genug Planungssubstanz im Regionalbereich vorhanden ist, um sie sinnvoll auf zwei Planungsträger zu verteilen". Tatsächlich werden auch die Kreise in Nordrhein-Westfalen schon seit geraumer Zeit in die Systematik der Landesplanung einbezogen[74]). Zwei Gründe vor allem sprechen für dieses Modell:

Erstens: Wenn der Kreisplan als der die Anpassungspflichten der gemeindlichen Planung auslösende Teil des Entwicklungsplanes fungiert, während die eher auf Rahmensetzung bezogene zweite Stufe der Planung ihrerseits nur auf die Kreisplanung einwirkt, so wäre damit durch die „mediatisierende Wirkung des Kreisplanes als des konkreten Teiles des Gebietsentwicklungsplanes" eine unübersichtliche und koordinationshemmende Verdoppelung der Pläne im Regionalbereich zu vermeiden[75]). Darüber hinaus wäre aber auch und vor allem eine bessere Sicherung eigenständiger gemeindlicher Entwicklung zu erwarten, weil die gemeindliche Mitwirkung an der Kreisplanung[76]) sehr viel intensiver ausgestaltet werden kann als gegenüber einer Regionalplanung durch „fernere" Instanzen, und außerdem die Anpassungspflicht immerhin durch den Kreistag als einem demokratisch unmittelbar legitimierten Gremium auf kommunaler Ebene begründet wird[77]).

---

[69]) Vgl. § 7 NROG; Ausnahmen: § 6 Großraumgesetz Hannover, § 6 Großraumgesetz Braunschweig.

[70]) So TIEDEKEN, der landkreis 1978, S. 492. Vgl. auch GÖB/LAUX/SALZWEDEL/BREUER, Kreisentwicklungsplanung (1974), S. 85. — Verfassungsrechtliche Bedenken gegen das niedersächsische Modell hat BLÜMEL, VVDStRL 36 (1978), S. 242, Anm. 356 m.N.; vgl. auch die kontroversen Stellungnahmen von SCHULZ, V. HINÜBER, KAPPERT, KOHN, OBSCHATZ, FRIEDRICHS und TIEDEKEN, in: „Bericht 2" der Landesgruppe Niedersachsen-Bremen der Deutschen Akademie für Städtebau und Landesplanung, 1979.

[71]) Damit würde dann das niedersächsische Modell ziemlich genau der Konzeption von PAPPERMANN (DÖV 1973, S. 511) entsprechen.

[72]) DVBl. 1975, S. 8 ff.; LEIDINGER, Eildienst LKT/NW 1974, S. 100 ff.; vgl. auch schon GÖB/LAUX/SALZWEDEL/BREUER, Kreisentwicklungsplanung (1974), S. 85 f., deren Konzept freilich von einer echten Kreisentwicklungsplanung ausgeht.

[73]) DVBl. 1975, S. 11 f.

[74]) Vgl. GÖB/LAUX/SALZWEDEL/BREUER, Kreisentwicklungsplanung (1974), S. 12.

[75]) SCHMIDT-ASSMANN, DVBl. 1975, S. 9 f.

[76]) Zu diesem Problemkreis vgl. etwa BVerwGE v. 14.2.1969, DVBl. 1969, S. 362 ff.; SCHMIDT-ASSMANN, in: Raumplanung — Entwicklungsplanung (1972), S. 144 ff. m.z.N.; PAPPERMANN, DÖV 1973, S. 513; GÖB/LAUX/SALZWEDEL/BREUER, Kreisentwicklungsplanung (1974), S. 122; GÖTZ, in: Festschrift für Werner Weber (1974), S. 994; ERNST/SUDEROW, Die Zulässigkeit raumordnerischer Festlegungen für Gemeindeteile (1976), S. 33 ff.; BLÜMEL, VVDStRL 36 (1978), S. 246 ff. m.w.N.

[77]) Vgl. VON DER HEIDE, der landkreis 1974, S. 275. — A. A. offenbar SIEDENTOPF, Gemeindliche Selbstverwaltungsgarantie im Verhältnis zur Raumordnung und Landesplanung (1977), S. 46 f., der — allerdings ohne Begründung — von den Kreisen eine verstärkte Konkretisierung der landesplanerischen Durchgriffe auf die Gemeinden befürchtet.

Zweitens: Das Modell der instanziell differenzierten Regionalplanung würde endlich und wirklich das kommunale Element auf dieser Ebene der Planung in angemessener Weise verankern. Nach der derzeitigen Rechtslage in Nordrhein-Westfalen trifft zwar der von Gemeinden und Kreisen beschickte Bezirksplanungsrat die sachlichen und verfahrensmäßigen Entscheidungen zur Erarbeitung des Gebietsentwicklungsplanes und beschließt die Aufstellung (§ 7 Abs. 1 Satz 1 nwLPlanG). Die Geschäfte des Bezirksplanungsrates werden jedoch vom Regierungspräsidenten wahrgenommen, und in seinen Händen liegt auch das gesamte Erarbeitungsverfahren (§§ 3, 7 Abs. 1 Satz 2 nwLPlanG). Damit wurden in der Tat die Weichen auf Verstaatlichung der Regionalplanung gestellt. Es ist eine Erkenntnis der Planungswissenschaft und eine immer wieder zu machende Erfahrung, „daß weniger der punktuelle Beschluß über einen Planentwurf als vielmehr die Herrschaft über das Planungsverfahren die entscheidenden materiellen Einflußmöglichkeiten auf den Plan garantieren"[78]).

Die Feststellung von SCHMIDT-ASSMANN[78]), in seiner derzeitigen Konzeption sei der Bezirksplanungsrat faktisch ein *Beirat,* trifft im übrigen auch für die entsprechende Institution in Bayern, den regionalen Planungsverband des Bayerischen Landesplanungsgesetzes, zu. Die Herrschaft über das Planungsverfahren liegt hier in Händen der bei der zuständigen höheren Landesplanungsbehörde resp. der Bezirksregierung eingerichteten Bezirksplanungsstelle (Art. 6 Abs. 3 bayLPlanG).

Im Rahmen dieses Themas interessiert die Frage, ob sich das für Nordrhein-Westfalen entworfene Modell seiner Grundanlage nach auch in anderen Ländern praktizieren läßt. Gegen eine Übertragbarkeit kann sicher in verschiedenen Ländern unterschiedliches vorgebracht werden. Für Bayern etwa ließe sich auf die im Verhältnis zu Nordrhein-Westfalen kleineren Kreise und auf die Tatsache hinweisen, daß die Landratsämter als untere Landesplanungsbehörden in der Vergangenheit wenig Neigung zeigten, mehr als das unbedingt Nötige zu tun[79]). Was die Größe der Kreise betrifft, so dürften sie jedoch auch in Bayern bei einer durchschnittlichen Fläche von knapp 970 km^2 und einer durchschnittlichen Einwohnerzahl von 105 000 groß genug sein, um Regionalplanungsaufgaben zu übernehmen. Und die bisherige Zurückhaltung der Kreise darf nicht als generelle Planungsunlust gewertet werden, solange es nur um Hilfsfunktionen im staatlichen Auftrag ohne echte Planungsmöglichkeiten geht[80]). Aber es ist in diesem Rahmen ausgeschlossen, Einzelheiten zu erörtern. Hier geht es allein um die *grundsätzliche* Frage, ob der Kreis der Zukunft eigenständige Raumplanungsinstanz sein soll.

3. Der Kreis als Raumplanungsinstanz

Das Modell der instanziell differenzierten Regionalplanung bestimmt den *Kreis als Träger von Aufgaben der Landesplanung.*

a) Das bedeutet zunächst einmal und gleichsam negativ, daß eine solche *Planungskompetenz der Kreise nicht auf Kosten der kreisangehörigen Gemeinden* geht. Damit entspricht das Modell einem wichtigen Grundgedanken der Gebietsreformen und der mit ihnen beabsichtigten und im großen und ganzen auch erreichten Effizienzsteigerung kommunaler Verwaltungskraft[81]). Die gestärkte Leistungskraft aller Kommunen, auch der kreisangehörigen Gemeinden, und die sich daraus herleitende

---

[78]) SCHMIDT-ASSMANN, DVBl. 1975, S. 10 m.N.

[79]) Zu den Aufgaben und Befugnissen der unteren Landesplanungsbehörden in Bayern: HEIGL/HOSCH, Raumordnung und Landesplanung in Bayern (Stand: 1. Februar 1978), RdNrn. 24 ff. zu Art. 5 bayLPlanG. Es geht dabei vor allem um die Übernahme einzelner Verfahrensabschnitte bei Raumordnungsverfahren. (Art. 22 Abs. 3 Satz 4 bayLPlanG).

[80]) Vgl. dazu auch die Darstellung des empirischen Befunds bei GÖB/LAUX/SALZWEDEL/BREUER, Kreisentwicklungsplanung (1974), S. 87 ff., wonach die „entscheidende Frage nach den Mängeln des bisherigen Verfahrens aus der Sicht der Kreise ... in erster Linie mit dem Hinweis auf das Fehlen rechtlicher Kompetenzen im Bereich der räumlichen Ordnung beantwortet" wurde (aaO., S. 90).

[81]) Zum Begriff „Verwaltungskraft": MÄDING, DÖV 1967, S. 325 ff.; WIPFELDER, BayVBl. 1975, S. 93 ff.

Vermutung für eine angemessene Verwaltungskraft[82]) muß jedenfalls tendenziell zu dem *Grundsatz* führen, daß *weitere Hochzonungen von Aufgaben für absehbare Zukunft ausgeschlossen sind*. Diese Mindestforderung gilt auch für Planungsaufgaben, für die Ortsplanung[83]) und insbesondere die Flächennutzungsplanung kreisangehöriger Gemeinden.

Bekanntlich war gerade die mangelhafte Verwaltungskraft dieser Gemeinden und speziell die völlig unzureichende Bewältigung der in ihrer Vollkompetenz stehenden Ortsplanung[83]) eine der entscheidenden Motive für die Gebietsreform[84]). Diese mißliche Situation sollte und ist durch diese Reform beseitigt worden. Der von SCHMIDT-ASSMANN[85]) geforderte „deutliche Schnitt im Argumentationsstand" wird aber trotzdem von vielen nicht vollzogen, und gerade bei der Auseinandersetzung um die Funktionalreform werden in der Tat Argumente verwendet, „die bezweifeln lassen, daß die Territorialreform je stattgefunden hat"[86]. Bemerkenswert ist hierbei vor allem, daß nach wie vor, also auch nach Abschluß der Gebietsreformen und angesichts der Funktionalreform, sehr viel mehr Energie auf den Nachweis verwendet wird, daß die Kreise auf Kosten ihrer Gemeinden kompetenzionell gestärkt werden müssen, als der Frage nachzugehen, welche Aufgabenkomplexe nach unten, insbesondere von den staatlichen auf kommunale Instanzen, verlagert werden können. Die „fast schon klassischen Reizworte" (SCHMIDT-ASSMANN) sind „Kreisgemeinde" sowie „orts- und kreiskommunale Verbundsverwaltung". In jüngster Zeit — so meint etwa PAPPERMANN[87]) — habe sich „mehr und mehr die Erkenntnis durchgesetzt, daß die Aufgabenerfüllung der kreisangehörigen Gemeinden nur zusammen mit der des Kreises gesehen werden kann, der für die kleineren Gemeinden ergänzende Einrichtungen und Verwaltungsdienste zu leisten hat. Der *Kreis mit seinen kreisangehörigen Gemeinden* kann als funktional *einheitlicher*, in der Organisation differenzierter *Leistungs- und Verwaltungsverbund* bestimmt werden, der im administrativen System der einheitlichen Verwaltung der kreisfreien Stadt gegenübersteht". Und er gibt zu erwägen, ob nicht Art. 28 Abs. 2 GG dahingehend geändert werden könnte, daß „den Gemeinden und Kreisen" das Recht gewährleistet wird, „alle Gesetze in eigener Verantwortung zu regeln". Damit bestünde — so meint PAPPERMANN — „die Möglichkeit, die Aufgabenplanung und -erfüllung auf Kreise und kreisangehörige Gemeinden nach sachlichen Zuständigkeitskriterien zu verteilen, ohne jeweils subtile Überlegungen wegen einer Verletzung des Kernbereichs der gemeindlichen Selbstverwaltungsgarantie anstellen zu müssen"[88]).

In konsequenter Verfolgung dieser von SIEDENTOPF[89]) etwas polemisch als „technologisch begründete Willkür" bezeichneten „Verwischung der Unterschiede" zwischen Gemeinde und Kreis wird eine *selbständige und (auch) extern wirkende Kreisentwicklungsplanung* gefordert, die das Entwicklungspotential kreisangehöriger Gemeinden „lokalscharf" einbindet. Dabei geht es — wie der Name „Kreisentwicklungsplanung" schon deutlich macht — nicht allein um Raumplanung, sondern darüber hinaus vor allem auch um Finanz- und Prioritätenplanung, die nicht raumbezogen sind[90]).

---

[82]) SCHMIDT-ASSMANN, DVBl. 1975, S. 5; vgl. etwa auch ROTHE, Städte- und Gemeindebund 1974, S. 4 ff. m.w.N.; DERS., in: Festschrift für Werner Weber (1974), S. 901.

[83]) Die Kompetenz für die Bauleitungplanung ergibt sich aus § 2 Abs. 1 BBauG.

[84]) WERNER WEBER, aaO. (FN 63), S. 4 f., 44; WAGENER, DVBl. 1970, S. 95; SIEDENTOPF, Die Verwaltung 1971, S. 280 f.

[85]) DVBl. 1975, S. 5.

[86]) SIEDENTOPF, DVBl. 1975, S. 13.

[87]) DÖV 1973, S. 508 m.w.N.; vgl. etwa auch W. ROTERS, Kommunale Mitwirkung an höherstufigen Entscheidungsprozessen (1975), S. 31 ff., 34 f., 210; „Entwicklung ländlicher Räume", hrsg. vom Institut für Kommunalwissenschaften der Konrad-Adenauer-Stiftung (1974), S. 237.

[88]) Weitere Nachweise bei BLÜMEL, VVDStRL 36 (1978), S. 239, FN 341.

[89]) DVBl. 1975, S. 17. Vgl. in diesem Zusammenhang auch WAGENER, DÖV 1976, S. 253 ff.; SCHMIDT-JORTZIG, DVBl. 1977, S. 806 f.; SCHMIDT-ASSMANN, Raumforschung und Raumordnung 1978, S. 18. Weitere Nachweise bei BLÜMEL, VVDStRL 36 (1978), S. 239, FN 342, der meint (S. 238 f.), daß das Modell eines Leistungs- und Verwaltungsverbundes trotz einiger Nachhutgefechte „vom Tisch sein dürfte".

[90]) Vgl. etwa LAUX, in: Der Kreis, Erster Band (1972), S. 126; GÖB/LAUX/SALZWEDEL/BREUER, Kreisentwicklungsplanung (1974), passim; PAPPERMANN, DÖV 1973, S. 512; SCHMIDT-ASSMANN, DVBl. 1975, S. 6, 8.

Nach wie vor im Gespräch ist ebenso die (teilweise) Verlagerung der gemeindlichen Flächennutzungsplanung auf die Kreise[91].

Gegen diese Art der Kreisentwicklungsplanung sind zahlreiche – und wie ich meine – überzeugende Argumente vorgebracht worden, die hier nicht wieder im einzelnen aufgelistet werden müssen[92]. Nur soviel sei gesagt: Ein allein nach Gesichtspunkten der Zweckrationalität arbeitsteilig gegliederter Funktionsverbund und in Besonderheit eine unter dieser Gesetzlichkeit vertikal koordinierte Planung besitzt eine fatale Neigung zu rechtlicher und vor allem (auch) faktischer Hochzonung von Kompetenzen, zumal wenn die Finanzkraft beim höherstufigen Partner liegt. Hierfür gibt es Beispiele: etwa das Verfahren der Standortprogramme in Nordrhein-Westfalen gemäß dem Nordrhein-Westfalen-Programm 1975[93]. Nichts spricht dafür, daß es zwischen kreisangehöriger Gemeinde und Kreis anders sein sollte; dies umso weniger, als der Verwaltungsverbund seine Gestalt wirklich ausschließlich unter Rentabilitätsgesichtspunkten gewinnt. Notwendige Folge ist eine entscheidende Schwächung, wenn nicht gar substanzielle Aushöhlung gemeindlicher Selbstverwaltung, wobei hier dahingestellt bleiben kann, wann die durch Art. 28 Abs. 2 GG gezogenen Grenzen überschritten sind[94]. Jedenfalls würde eine orts- und kreiskommunale Verbundsverwaltung mit einer Kreisentwicklungsplanung der skizzierten Art zu einer Konzentration kommunaler Verwaltung beim Kreis führen und die gemeindliche Selbstverwaltung tendenziell zunehmend bedeutungslos machen. Und dies widerspricht akkurat den Zielen der kommunalen Gebietsreform, die ja gerade auch auf die Stärkung der Ortsebene gerichtet war, um hier wieder echte Selbstverwaltung zu ermöglichen. Und wenn es richtig ist, daß auch die kreisangehörigen Gemeinden im Hinblick auf die notwendige Integration ihrer Bürger zur Mitarbeit und geistigen Anteilnahme am gemeinen Wesen jedenfalls z.T. ohnehin zu groß ausgefallen sind, dann muß die zusätzliche (rechtliche und/oder faktische) Kompetenzverdünnung auf der Ortsebene das kommunale Leben überhaupt auf das äußerste gefährden und damit insgesamt den freiheitsstärkenden Effekt der dezentralen Erledigung öffentlicher Aufgaben in Frage stellen[95]. In diesem Zusammenhang ist überdies auch mit aller Deutlichkeit zu betonen, daß ein verwaltungsorganisatorisches Denken, das ausschließlich von Zweckmäßigkeitsgesichtspunkten geprägt ist, beim orts- und kreiskommunalen Verwaltungsverbund und der Kreisentwicklungsplanung nicht stehenbleiben könnte. Soweit man – entgegen jeder Planungserfahrung – die Planungseffektivität mit der Größe der zu planenden Räume und Potentiale steigen sieht, muß konsequenterweise am Ende die Globalplanung und damit die Einebnung der Unterschiede zwischen Staats- und Kommunalverwaltung stehen[96].

Die zunehmende Bedeutung und Notwendigkeit einer Entwicklungsplanung soll damit nicht bestritten werden[97], und ich bin auch nicht der Auffassung, daß *jede Art* von Kreisentwicklungsplanung schon *per se* zu einer größeren Planungsdichte mit Affinität zur Globalplanung führen muß. Zu beachten ist aber außerdem, daß jede Art von Kreisplanung mit Außenwirkung einer gesetzlichen Ermächtigung bedarf, weil sie Bindungswirkung für Verwaltungsträger mit eigener Rechtssubjektivi-

---

[91] Vgl. etwa LAUX, in: Der Kreis, Erster Band (1972), S. 128; VON DER HEIDE, der landkreis 1974, S. 254; GÖB/LAUX/SALZWEDEL/BREUER, Kreisentwicklungsplanung (1974), S. 74. ff. – Vgl. in diesem Zusammenhang auch § 147 Abs. 1 BBauG.

[92] Vgl. insbesondere BERKENHOFF, Städte- und Gemeinderat 1973, S. 345 ff.; DERS., Städte- und Gemeindebund 1974, S. 157 ff.; SIEDENTOPF, DVBl. 1975, S. 15 ff.; SCHMIDT-JORTZIG, DVBl. 1977, S. 806 f.; BLÜMEL, VVDStRL 36 (1978), S. 241 f.
Speziell gegen eine Verlagerung der Flächennutzungsplanung auf die Kreise: LEIDINGER, Eildienst LKT/NW 1974, S. 100; SCHMIDT-ASSMANN, DVBl. 1975, S. 9; SIEDENTOPF, DVBl. 1975, S. 18; ROTHE, in: Festschrift für Werner Weber (1974), S. 904 f.

[93] Vorläufige Richtlinien für die Aufstellung von Standortprogrammen (NWP 75, Nr. 5.23), MABl. für Nordrhein-Westfalen, Jahrgang 1971, S. 1202. Dazu SIEDENTOPF, DVBl. 1975, S 17; DERS., aaO. (FN 77), S. 20 f.; vgl. etwa auch SCHMIDT-ASSMANN, DVBl. 1975, S. 10 sowie BLÜMEL, VVDStRL 36 (1978), S. 254, jeweils m.w.N.

[94] Vgl. dazu WOLFF, AFK 1963, S. 149 ff.; SCHMIDT-ASSMANN, in: Raumplanung – Entwicklungsplanung (1972), insbesondere S. 137 ff.; BVerfGE 17, 172/182; E 23, 353/365; E 26, 228/238.

[95] Vgl. dazu etwa MAUNZ, Deutsches Staatsrecht, 22. Aufl. (1978), § 25 I 4 d, S. 220 f.

[96] So auch SIEDENTOPF, DVBl. 1975, S. 17, 20.

[97] Siehe nächste Seite.

tät (kreisangehörige Gemeinden, kreisfreie Städte, andere Kreise, regionale Planungsverbände) entfaltet; sie muß daher so konkret faßbar sein, daß sie kodifizierbar, gesetzlich formulierbar ist. SCHMIDT-ASSMANN[98]) hat überzeugend nachgewiesen, daß sich von einer derartigen rechtlichen Faßbarkeit, die eine umfassende Kodifizierung rechtfertigen könnte, bei der Kreisentwicklungsplanung zur Zeit noch nicht sprechen läßt[99]. Er tritt daher, im Einklang mit dem allgemeinen Planungsrecht, für einen stufenweisen Aufbau und Ausbau der Kreisplanung ein, so daß es zunächst darum gehe, „dem Kreis in der Raumplanung einen festen Standort zuzuweisen"[100]).

b) Haben die Kommunen nach der Gebietsreform „zunächst einmal die Vermutung angemessener Leistungskraft für sich"[101]), so bezieht sich diese Vermutung nicht nur auf die den Kommunen bereits zustehenden Aufgaben, sondern auch und gerade auf die zukünftige Aufgabenverteilung[102]). In diesem Sinne ist die Funktionalreform eine logische Folge der territorialen Neugliederung und ihre notwendige Ergänzung. Ohne eine wirklich ins Gewicht fallende Funktionalreform bleibt der Gebietsreform „ihre Begründung und ihre Berechtigung versagt"[103]). Diese Feststellung muß auch als Aufforderung und Warnung verstanden werden. Denn was bislang im Gefolge der Gebietsreformen an Aufgabenneuverteilung geleistet wurde, ist völlig unbefriedigend. (Daß die Erwartungen freilich auch viel zu hoch gesteckt waren, sei hier wenigstens erwähnt.) Das gilt cum grano salis für alle Länder. Der in den letzten Jahren zu beobachtende Wanderungsprozeß von unten nach oben[104]) ist nicht abgestoppt, geschweige denn umgekehrt worden. Darüber kann auch die Tatsache nicht hinwegtäuschen, daß — wie es WAGENER[105]) plastisch formuliert — „Riesenkataloge mit 'Kleinvieh' — Zuständigkeiten" auf den gesetzlichen Delegationsweg gebracht wurden[106]). Bedeutendere Aufgabenkomplexe sind davon nicht berührt, z.T. sogar weiter hochgezont worden[107]). WAGENER[108] meint, daß sich daran auch in Zukunft nichts ändern werde: „Spektakuläre, echt Ebenen überspringende Delega-

---

[97]) Vgl. dazu WAGENER, DVBl. 1970, S. 93 ff.; DERS. in: Raumplanung — Entwicklungsplanung (1972), S. 23 ff. sowie ebenda BIELENBERG, S. 55 ff., LAUX, S. 83 ff. und SCHMIDT-ASSMANN, S. 101 ff.; OSSENBÜHL, Welche normativen Anforderungen stellt der Verfassungsgrundsatz des demokratischen Rechtsstaates an die planende staatliche Tätigkeit, dargestellt am Beispiel der Entwicklungsplanung? In: Verhandlungen des 50. Deutschen Juristentages (1974), Band I, B 30 ff. m.w.N.; GÖB/LAUX/SALZWEDEL/BREUER, Kreisentwicklungsplanung (1974), S. 3 ff.; BADURA, in: Festschrift für Werner Weber (1974), S. 911 ff.; KAPPERT, DÖV 1978, S. 429 f.

[98]) DVBl. 1975, S. 6 f., 12 f. Vgl. auch SIEDENTOPF, DVBl. 1975, S. 20

[99]) Diese Auffassung wird auch nicht durch die Tatsache widerlegt, daß in Schleswig-Holstein eine Kreisentwicklungsplanung gesetzlich festgelegt ist (§§ 11 ff. shLPlanG) und bis vor kurzem auch Baden-Württemberg entsprechende Regelung kannte (§ 33 bwLPlanG, inzwischen ersatzlos gestrichen). Im Einzelnen kann darauf hier nicht eingegangen werden. Hingewiesen sei nur darauf, daß die baden-württembergischen Kreisentwicklungsprogramme keinerlei Außenwirkung entfalten konnten und bei der schleswig-holsteinischen Regelung die planerischen Funktionen stärker im Bereich der Negativplanung aus landesplanerischen Komponenten und weniger im Bereich der kommunalen Entwicklungsplanung liegen. Vgl. dazu ausführlich: GÖB/LAUX/SALZWEDEL/BREUER, Kreisentwicklungsplanung (1974), S. 15 ff.

[100]) SCHMIDT-ASSMANN, DVBl. 1975, S. 8 ff. Ebenso LEIDINGER, LKT/NW 1974, S. 100. Im Ansatz ähnlich auch PÜTTNER, Stadtentwicklungsplanung und Kreisentwicklungsplanung im Gefüge öffentlicher Planung, Deutsches Institut für Urbanistik (1974), S. 18 ff.

[101]) Siehe FN 82.

[102]) SCHMIDT-ASSMANN, DVBl. 1975, S. 4; SIEDENTOPF, aaO. (FN 77), S. 56 f.

[103]) TSCHIRA, in: Schmitt Glaeser (Hrsg.), Verwaltungsverfahren (1977), S. 279; vgl. auch ROTHE, Demokratische Gemeinde 1975, S. 363 ff.; BERKENHOFF, Städte- und Gemeinderat 1975, S. 6 ff.

[104]) Dazu etwa J. BAUER, BayBgm 1976, Heft 10. S. 26 ff.; PÜTTNER, DÖV 1977, S. 473; SCHMIDT-JORTZIG, DVBl. 1977, S. 805 und insbesondere BLÜMEL, VVDStRL 36 (1978), S. 206 ff. m.z.N. (siehe auch aaO., S. 234 ff.).

[105]) der landkreis 1977, S. 15, S. 437; vgl. auch SCHMIDT-JORTZIG, DVBl. 1977, S. 805 f.

[106]) Zur Funktionalreform in Bayern vgl. etwa SÜSS, BayVBl. 1975, S. 1 ff.; DERS. BayVBl. 1976, S. 449 ff.; DERS. BayVBl. 1978, S. 417 ff.; TSCHIRA, in: Schmitt Glaeser (Hrsg.), Verwaltungsverfahren (1977), S. 279 ff. Zur Situation im Saarland vgl. etwa LEIDINGER, der landkreis 1974, S. 396 f. Zur Funktionalreform in Baden-Württemberg und Rheinland-Pfalz vgl. WAGENER, der landkreis 1977, S. 434 ff., 437 f.; DERS. der landkreis 1977, S. 15 f.

[107]) Dazu etwa BLÜMEL, VVDStRL 36 (1978), S. 206 ff. mit Beispielen und weiteren Nachweisen.

[108]) der landkreis 1977, S. 15.

tionen irgendeines größeren öffentlichen Aufgabenkomplexes sind nämlich unter heutigen Bedingungen praktisch nicht möglich." Nun ist es natürlich richtig, daß vor allem manche Daseinsvorsorgeaufgabe eher nach großräumiger Kompetenz verlangt. Trotzdem kann ich WAGENERS Pessimismus gerade im Hinblick auf die erheblichen Maßstabsvergrößerungen der Kommunen nicht ganz teilen. Insbesondere auf dem hier interssierenden Bereich der Raumordnung und Landesplanung wird man auf Dauer um *(gewichtige) Kompetenzverlagerungen nach unten* nicht herumkommen, so wie es das erklärte Ziel der kommunalen Gebietsreform und der mit ihr verbundenen Funktionalreform ist[109].

Die Herunterzonung von Aufgaben der Landesplanung auf die Kreise, wie es das Modell der instanziell differenzierten Regionalplanung vorsieht, ist ein Ansatz in Richtung auf eine verstärkte *Planung von unten nach oben,* und die Anlage des Modells zeigt auch, daß es ein realistischer, ein praktikabler Ansatz ist. Besonders überzeugt die Differenzierung der Planaussagen „nach Maßgabe der in ihnen wirksamen kommunal-selbstverwaltenden und staatlich-regionalen Interessenverflechtungen"[110]. Eine solche Entflechtung nach dem Grad der Interessenintensität läßt sich mutatis mutandis in allen Ländern bewerkstelligen. Ich kann das hier nur andeuten. In Bayern etwa kämen für eine Zuteilung an die Kreisplanung folgende Gegenstände regionaler Planung (mit entsprechender Anpassung an das Kreisgebiet) in Betracht:

— die Kleinzentren und die Richtlinien für ihren Ausbau (Art. 17 Abs. 2 Nr. 1 bayLPlanG);
— die Richtzahlen für die durch raumbedeutsame Planungen und Maßnahmen anzustrebende Entwicklung der Bevölkerung und der Arbeitsplätze im Kreis oder in einzelnen Gemeinden (vgl. Art. 17 Abs. 2 Nr. 2 bayLPlanG)[111];
— die wirtschaftliche Struktur des Kreises und die Aufgabe der Gemeinden auf Grund dieser Struktur (vgl. Art. 17 Abs. 2 Nr. 4 bayLPlanG)[112];
— die Erschließung und Entwicklung des Kreises durch Einrichtungen der überörtlichen Daseinsvorsorge (vgl. Art. 17 Abs. 2 Nr. 5 bayLPlanG)[113];
— Planungen und Maßnahmen zur Erhaltung und Gestaltung der Landschaft (vgl. Art. 17 Abs. 2 Nr. 6 bayLPlanG)[114].

---

[109] Dazu SCHMIDT-ASSMANN, DVBl. 1975, S. 10; SIEDENTOPF, DVBl. 1975, S. 16; WAGENER, der landkreis 1977, S. 15 f., S. 437.

[110] SCHMIDT-ASSMANN, DVBl. 1975, S. 11.

[111] Die Richtzahlen sind auf Grund der „Komplexität der ihnen zugrundeliegenden Annahmen ... mit einer großen Unsicherheit behaftet ..." (HEIGL/HOSCH, aaO. (FN 79), RdNr. 12, S. 12, zu Art. 17). Die dadurch notwendig werdenden häufigen Korrekturen lassen sich in kleinen Räumen besser vornehmen, und Fehler wirken sich hier weniger stark aus. Es kommt hinzu, daß die Richtzahlen nach Art. 17 Abs. 2 Nr. 2 bayLPlanG ohnehin für die anzustrebende Entwicklung „in Teilbereichen der Region oder einzelner Gemeinden" zu bestimmen sind. — Die Festlegung überkreislicher Entwicklungstendenzen müßte der Regionalplanungsinstanz verbleiben.

[112] Die Bestimmung der wirtschaftlichen Struktur wird sich nur auf das Kreisgebiet richten; die wirtschaftliche Struktur der Region müßte — soweit dies überhaupt als nötig empfunden wird — nach wie vor von der regionalen Planungsinstanz festgelegt werden. Tatsächlich wird man auf eine solche Festlegung, die im wesentlichen nur eine Zusammenfassung der kreislichen Aussagen sein würde, verzichten können. Wesentliche regionale und überregionale Aussagen zur Wirtschaftsstruktur, insbesondere zur Verteilung der Arbeitsstätten, sind schon getroffen durch die Festlegung zentraler Orte (ab Unterzentrum), regionaler und überregionaler Entwicklungsachsen sowie der Richtzahlen für die anzustrebende Entwicklung in den Regionen nach Art. 13 Abs. 2 Nr. 4 bayLPlanG.

[113] In den Regionalplan gehören nur solche Einrichtungen, die wirklich regionale (überkreisliche) Bedeutung besitzen, wie etwa Flughäfen, Landstraßen (Staatsstraßen) und Hochschulstandorte. Andere überörtliche Einrichtungen der Daseinsvorsorge sind Sache der Kreisplanung (etwa weiterführende Schulen, Kreisstraßen, Krankenhäuser, Gemeindeverbindungsstraßen, Naherholungsbereiche, Bereiche für die Entwicklung der Landwirtschaft).

[114] Bei der Regionalplanung sollte hier nur verbleiben die Festlegung von Landschaftsschutzgebieten, Naturschutzgebieten, Natur- und Nationalparke etc. (dazu HEIGL/HOSCH, aaO. (FN 79), RdNr. 36, S. 26, zu Art. 17). Alle übrigen Maßnahmen gehören zur Kreisplanung; so ist nicht einzusehen, warum in einem Regionalplan z.B. allgemeine Aussagen und Festlegungen für Erholung in Siedlungsgebieten (vgl. HEIGL/HOSCH, aaO. (FN 79), RdNr. 27 zu Art. 17) getroffen werden sollen.

Die Herabzonung bislang regionaler Planungskompetenzen auf die Kreise führt nicht nur – gleichsam automatisch – zu einer verstärkten Beachtung insbesondere struktureller, sozio-ökonomischer, aber auch sozio-kultureller Unterschiedlichkeiten und Eigenarten des kleineren und damit leichter überschaubaren Planungsraumes. Darüber hinaus sollte man die hier vorgeschlagene Neuregelung mit einer *Kompetenzdifferenzierung* verbinden, also von der Legende Abschied nehmen, daß die Einheitlichkeit eines Planungstyps (hier des Kreisplans) auch die Einheitlichkeit seines Inhalts erfordere. Die Planungskompetenzen der Kreise sind unterschiedlich festzulegen, je nach der Eigenart des Kreisraumes. Dabei wäre dann auch z.B. die Bevölkerungsdichte sowie die Größe und Leistungsfähigkeit der kreisangehörigen Gemeinden zu beachten.

Mit der Beschränkung der Regionalplanung auf echt regionale Aufgaben wird man den räumlichen Zuschnitt der Region wesentlich vergrößern können. In Bayern wäre an eine Deckungsgleichheit mit den Regierungsbezirken zu denken, was zugleich die kommunale Gebietskörperschaft Bezirk als regionale Planungsinstanz (wieder) in die Diskussion bringen muß. Großräumige regionale Planungsinstanzen führen schließlich zu der Überlegung, ob es nicht auch Gegenstände der zentralen Landesplanung (Landesentwicklungsplan, -programm) gibt, die besser bei den regionalen Planungsinstanzen aufgehoben wären. Es geht also um das *Modell einer instanziell differenzierten Landesentwicklungsplanung*. Um beim Beispiel Bayern zu bleiben, könnten etwa folgende Gegenstände auf die regionale Planungsebene herabgezont werden:

— Festlegung der Grundsätze, nach denen Kleinzentren in den Kreisplänen bestimmt werden (vgl. Art. 13 Abs. 2 Nr. 3 bayLPlanG);
— Bestimmung der Unterzentren[115]) und Mittelzentren;
— die Richtzahlen für die durch raumbedeutsame Planungen und Maßnahmen anzustrebende Entwicklung der Bevölkerung und der Arbeitsplätze in der Region (vgl. Art. 13 Abs. 2 Nr. 4 bayLPlanG).

Sowohl das Modell der instanziell differenzierten Regionalplanung als auch das der instanziell differenzierten Landesentwicklungsplanung ist auf eine Vergröberung der oberstufigen Planung angelegt. Dieses Ziel wird natürlich nur dann erreicht werden können, wenn bei dem Entflechtungsprozeß nicht „unversehens" neue Planungskompetenzen geschaffen werden. Tatsächlich könnte auch auf manche Planungsmöglichkeit (Planungs-„Feinheit") verzichtet werden. Das gilt vor allem für solche Fälle, in denen Regionalpläne „gemeindescharf" werden. So ist z.B. nicht einzusehen, daß Regionalpläne (und ebenso Kreispläne) Richtzahlen für die durch raumbedeutsame Planungen und Maßnahmen anzustrebenden Entwicklungen der Bevölkerung und der Arbeitspläne *auch in einzelnen Gemeinden* bestimmen sollen (vgl. Art. 17 Abs. 2 Nr. 2 bayLPlanG). Derartige Festlegungen, die ohnehin nur in Extremfällen zur Debatte stehen[116]), sind sehr viel besser bei den heute mit ausreichender Leistungskraft ausgestatteten Gemeinden selbst aufgehoben, weil sich diese flexibler und rascher auf die häufigen Änderungen in diesem Datenbereich einzustellen vermögen. Eine ähnliche Situation zeigt sich bei der *Bestimmung von Gemeindeaufgaben* auf Grund der wirtschaftlichen Struktur der Region (oder des Kreises) nach Art. 17 Abs. 2 Nr. 4 bayLPlanG. Es gibt keinen vernünftigen Grund dafür, die Gemeinden über die im zentralörtlichen System verordneten Aufgaben hinaus zu binden. Gerade in diesem Zusammenhang muß endlich auch erkannt werden, daß Planung nicht nur nach sozio-*ökonomischen* Maßstäben ausgerichtet werden kann[117]), sondern vielmehr auch nach sozio-*kulturellen* und *mentalen* Gesichtspunkten, und gerade sie verlangen bei der Aufgabenbestimmung die Zuständigkeit der Gemeinde als bürgernächster Instanz.

Die Notwendigkeit einer „Entfeinerung" der Raumplanung (WAGENER) wird zunehmend erkannt. Es ist schon lange kein Geheimnis mehr, daß wir in der Vergangenheit zu viel, zu perfektionistisch und zu vertikal geplant haben und die Wirkungen zweifelhaft, jedenfalls bescheiden wa-

---

[115]) In Rheinland-Pfalz werden bereits derzeit die Unterzentren im Regionalen Raumordnungsplan bestimmt (§ 12 Abs. 1 Satz 2 Nr. 5 rpLPlanG).
[116]) HEIGL/HOSCH, aaO. (FN 79), RdNr. 13 a, S. 15, zu Art. 17.
[117]) So aber die allgemeine Meinung; vgl. etwa HEIGL/HOSCH, aaO. (FN 79), RdNr. 25 zu Art. 17.

ren[118]). Es wäre allerdings im wahrsten Sinne des Wortes zu einfältig gesehen, wollte man den Grund dafür allein in einem „bösen Willen" der höherstufigen Verwaltungseinheiten suchen. Mit ein wesentlicher Grund waren die mangelnden und mangelhaften Planungskapazitäten vor allem kleinerer Gemeinden. Die kommunalen Gebietsreformen haben diesen Mangel behoben, und wir müssen daraus die Konsequenzen ziehen.

Schließlich sind auch Richtwertveränderungen der jüngsten Vergangenheit zu berücksichtigen, die nicht „eingeplant" waren und „zufällig" nicht nur zeitlich mit den Gebietsreformen zusammenfallen, sondern auch in die gleiche Zielrichtung weisen und die Reformen ergänzend verstärken. Ich meine vor allem den offenkundig gewordenen Mangel an Ressourcen (Stichwort: Energiekrise) und den Rückgang der Geburtenziffern bzw. der Bevölkerung in der Bundesrepublik[119]). Die Planung der Zukunft wird eher eine Verteilung von Negativposten sein. Abbau von Disparitäten, soweit überhaupt (noch) erstrebenswert und möglich, wird mehr durch „Wegleiten" von Bestandsgütern als durch „Umleiten" von Wachstumsströmen erfolgen müssen[120]). Hinzu tritt schließlich die Erfahrung, daß nicht nur der Durchsetzbarkeit längerfristiger Prognosen zunehmend größere Hemmnisse entgegenstehen[121]), sondern schon die Aufstellung solcher Prognosen immer schwieriger wird[122]). Der Zufall scheint sich wieder stärker in Szene setzen zu wollen. Und er trifft bekanntlich umso härter, je mehr der Mensch plant[122]) und je mehr eine Gesellschaft als hochzivilisierte Industriegesellschaft von Planung abhängig ist. Prognosenunfähigkeit und Fehlprognosen wirken sich in der Raumplanung besonders verheerend aus: „Mangelhafte Finanz- und Investitionsplanung ist schlecht, Raumplanungsfehler sind schlimmer, da sie auf lange Zeit irreparable Mißstände schaffen"[123]).

Die neue Entwicklung ist bislang weder ausreichend analysiert noch kanalisiert. Aber ein Umdenken zeichnet sich ab[124]), und wir haben es auch nötig. Die Planung der Zukunft muß das Gegenbild einer perfektionistisch angelegten, langfristigen und umfassenden Globalplanung sein:

— an die Stelle vertikaler Bindung hat die horizontale Koordinierung im Gegenstromprinzip zu treten;
— die unvollständige Planung muß in Zukunft als das Normale gelten. Stichworte sind hier: „negative Koordination", „Entfeinerung", „erträgliche Unordnung"[125]);

---

[118]) Dazu sehr dezidiert das Gutachten der Kommission für Wirtschaftlichen und Sozialen Wandel: „Wirtschaftlicher und sozialer Wandel in der Bundesrepublik Deutschland" (veröffentlicht durch die Bundesregierung, Der Bundesminister für Arbeit und Sozialordnung, 1977). In einer Stellungnahme zu Kapitel IV dieses Gutachtens meint KAPPERT, (DÖV 1978, S. 428): „Man darf ... sogar fragen, ob die Raumordnungspolitik des Bundes und der Länder überhaupt etwas in der Vergangenheit bewirkt hat und ob die räumliche Entwicklung angesichts der gesunden denzentralen Grundstruktur unseres Landes nicht genauso ohne Raumordnung verlaufen wäre." Interessant in diesem Zusammenhang auch der Entwurf eines Gesetzes zur Änderung des Landesplanungsgesetzes der Fraktion der FDP/DVP, Landtag von Baden-Württemberg, Drs. 7/5997, S. 5. Vgl. außerdem SIEDENTOPF, aaO. (FN 77), S. 19 ff.; SCHMIDT-ASSMANN, Raumforschung und Raumordnung 1978, S. 11 ff.; TIEDEKEN, der landkreis 1978, S. 489 ff.; WAGENER, Informationen zur Raumentwicklung 1978, S. 11 ff.; BLÜMEL, VVDStRL 36 (1978), S. 256, FN 438 m.w.N.; DICK, Perspektiven. Leitlinien zur Landesentwicklungspolitik (1973), S. 12 ff., 21, 43 ff., 56 ff. — Allgemein zur abklingenden Planungseuphorie etwa HENNIS, Parlament, Regierung, öffentlicher Dienst — Droht eine Gleichgewichtsstörung im Verfassungsleben von Bund, Ländern und Gemeinden?, in der gleichnamigen Schrift, Godesberger Taschenbücher, Schriften zur Staats- und Gesellschaftspolitik 14 (1977), S. 52 ff.; WAGENER, DÖV 1977, S. 588; BLÜMEL, Die Verwaltung 1974, S. 310 f.; 322 f.

[119]) Zur Situation siehe etwa K. SCHWARZ, der landkreis 1976, S. 208 ff.; MEYER-SCHWICKERATH, der landkreis 1977, S. 153 ff.; Empfehlungen des Beirats für Raumordnung v. 16.6.1976 (Bundesminister für Raumordnung, Bauwesen und Städtebau), S. 9 ff.

[120]) Dazu etwa K. FISCHER, der landkreis 1976, S. 214 ff.; VON DER HEIDE, der landkreis 1977, S. 242 ff.; TIEDEKEN, der landkreis 1978, S. 491 ff.; R. WAHL, Rechtsfragen der Landesplanung und Landesentwicklung, Zweiter Band: Die Konzepte zur Siedlungsstruktur in den Planungssystemen der Länder (1978), S. 79 ff.

[121]) Zur Status-quo-Prognose für Bayern: DICK, aaO. (FN 118), S. 3 ff., S. 18 ff.; vgl. etwa auch K. FISCHER, der landkreis 1976, S. 214; VON DER HEIDE, der landkreis 1977, S. 245.

[122]) TIEDEKEN, der landkreis 1978, S. 490; Empfehlungen des Beirats für Raumordnung v. 16.6.1976 (Bundesminister f. Raumordnung, Bauwesen und Städtebau), S. 20 f.

[123]) SCHMIDT-ASSMANN, DVBl. 1975, S. 8; vgl. etwa auch LEIDINGER, Eildienst LKT/NW, S. 100.

[124]) Siehe die Angaben bei FN 118.

[125]) WAGENER, Informationen zur Raumentwicklung 1978, S. 12, 14; TIEDEKEN, der landkreis 1978, S. 491 f.

— im Regelfall sollten Planungen kurzfristig, allenfalls mittelfristig angelegt sein. Soweit langfristige Planungen unumgänglich erscheinen, dürfen sie nur grob geschnittene Rahmenfestlegungen enthalten;
— die Planung muß kleinräumiger und stärker ortsbezogen werden und der lokalspezifischen Situation mit ihren eigengeartet-relevanten Funktionen Rechnung tragen können[126]).

Alle diese Forderungen an die zukünftige Planung sind aufeinander bezogen, ergänzen sich gegenseitig und sollen nicht zuletzt ein *Mehr an Flexibilität* bringen[127]). Von besonderer Bedeutung ist dabei zweifellos das Gebot kleinräumiger Planung. Sie kann, verbunden vor allem mit der Beschränkung auf einen kurzfristigen Zeithorizont, nicht nur die Fehleranfälligkeit reduzieren, sondern darüber hinaus auch Fehlerkorrekturen leichter ermöglichen und Fehlerfolgen in erträglichen Grenzen halten.

So wirkt alles in die gleiche Richtung, auf eine Planung von unten nach oben, auf kleinräumige Planung bei gleichzeitiger „Entfeinerung". Man mag darüber streiten, wie dieses Ziel am besten zu erreichen ist. Der hier aufgezeigte Weg für eine Neugestaltung des Verhältnisses Kreis-/Regional-/Landesentwicklungsplanung ist ein möglicher Weg und vielleicht nicht der geeignetste. Aber über das Ziel selbst läßt sich nicht streiten. Daß dieses Ziel nicht ohne eine Neuordnung des Verhältnisses zwischen Raumplanung und meist dominierender Fachplanung (s. etwa § 29 Abs. 2 bwLPlanG) erreicht werden kann, muß hier wenigstens erwähnt werden.

II. Die „Schärfe" landesplanerischer Bestimmungen

Hier geht es um das Verhältnis überörtlicher Raumplanung, insbesondere der Regionalplanung zu der örtlichen Planung. Das Verhältnis ist problematisch, weil unterschiedliche Kompetenzen und eben häufig auch unterschiedliche Planungsvorstellungen im selben Raum aufeinander treffen, auf ein und dasselbe Territorium einwirken. Das Aufeinanderabstimmen, das Voneinanderabgrenzen und die richtige Gewichtung dieser Einwirkungen ist „Inhalt eines bereits lange währenden wissenschaftlichen und politischen Streits"[128]), der nur nach funktionalen (nicht nach räumlichen) Kriterien entschieden werden kann. *Parzellenscharfe* Festsetzungen der Landesplanung (inklusive Regionalplanung) werden allerdings ebenso nahezu einmütig abgelehnt[129]) wie man *gemeindescharfe* (und erst recht übergemeindliche) Festsetzungen allgemein als zulässig ansieht[130]). Umstritten ist dagegen die Zulässigkeit *gebietsscharfer* raumordnerischer Festsetzungen, also jener Festsetzungen, die sich auf einen Teil des Gemeindegebiets, auf die innergebietliche räumliche Gliederung einer Gemeinde beziehen[131]). Sie reichen von freihaltenden Festlegungen punktueller Art (Standortentscheidungen) über freihaltende Festlegungen i.S. grobrastiger Flächendispositionen bis zu Fest-

---

126) Vgl. in diesem Zusammenhang H. MARTIN, der landkreis 1977, S. 472 ff.

127) Dazu auch TIEDEKEN, der landkreis 1978, S. 492.

128) SIEDENTOPF, aaO. (FN 77), S. 14.

129) Für die Zulässigkeit auch parzellenscharfer Festsetzungen aber : MAYER/ENGELHARDT/HELBIG, Landesplanungsrecht in Bayern mit Kommentar zum Bayerischen Landesplanungsgesetz (1973), RdNr. 3 (S. 3) zu Art. 4; EVERS, Das Recht der Raumordnung (1973), S. 144 ff.; RUTKOWSKI, Der Einfluß der Regionalplanung auf die gemeindliche Bauleitplanung (Diss. Münster 1974), S. 130 ff.

130) Vgl. etwa ERNST/SUDEROW, aaO. (FN 76), S. 18 m.N.; BROCKE, Rechtsfragen der landesplanerischen Standortvorsorge für umweltbelastende Großanlagen (1979), S. 150, 164; DICK, aaO. (FN 118), S. 59 f.; SCHMIDT-ASSMANN, Raumforschung und Raumordnung 1978, S. 15 f., 19; MOTYL, Die Gemeinde in der Landesplanung (1973), S. 80; RIECHELS, DVBl. 1968, S. 360 ff.

131) Außer Betracht bleibt hier (also) jede Art von fachplanerischer Festsetzung. Diese Festsetzungen sind in der Regel gebietsscharf, nicht selten auch parzellenscharf. Für sie gelten besondere Regelungen (siehe etwa § 2 Abs. 5 und 6; § 5 Abs. 5 und 7; § 9 Abs. 4; § 37; § 38 BBauG), die in Übereinstimmung mit Art. 28 Abs. 2 GG den Fachplanungen Vorrang vor der Bauleitplanung einräumen (dazu BIELENBERG, DÖV 1969, S. 381). Soweit die Landesplanung gebietsscharfe Festsetzungen im Vorgriff auf oder in Übernahme von derartigen Fachplanungen trifft, wird sie nur koordinierend tätig; Basis der Festsetzung bleibt das jeweilige Fachplanungsgesetz (SCHMIDT-ASSMANN, Raumforschung und Raumordnung 1978, S. 12, 19).

legungen mit aktivplanerischer Zielrichtung, bei denen das öffentliche Entwicklungspotential als solches gebündelt und gesteuert werden soll[132].

Das Meinungsspektrum ist breit gestreut. Die generelle Zulässigkeit derartiger Festsetzungen wird ebenso vertreten wie die generelle Unzulässigkeit. Eine angemessene Auseinandersetzung mit der Rechtsprechung und der sehr reichhaltigen Literatur ist in diesem Rahmen nicht möglich[133]. Ich beschränke mich auf einige Aspekte, die mit der Gebietsreform im Zusammenhang stehen.

Es ist nicht ohne Delikatesse, daß gerade die kommunale Gebietsreform für eine „Ver-Schärfung" raumordnerischer Festlegungen gegenüber den Gemeinden in Anspruch genommen wird. Es wird befürchtet, die Maßstabsvergrößerungen könnten zu einem Leerlauf raumordnerischer Instrumente führen, wenn nicht die Vergrößerung des Bezugsrahmens „Gemeinde" durch eine Verfeinerung des Instrumentariums zur Gebietsschärfe kompensiert würde, was letzten Endes eine generelle Zulässigkeit gebietsscharfer raumordnerischer Festlegungen zur Folge hat[134]. Das gilt nicht nur für Festsetzungen nach der Reform („Neufestlegungen"), sondern hat Bedeutung auch für sog. Altfestsetzungen, soweit sie lediglich Gemeindeschärfe aufwiesen. Sind diese Festlegungen durch das veränderte Bezugsraster faktisch gebietsscharf geworden, so müßten sie danach die Maßstabsvergrößerungen der Gebietsreform nicht mitmachen und auf Gemeindeschärfe umgestellt, sondern auch rechtlich als nunmehr gebietsscharf akzeptiert werden[135].

Die Gegenmeinung, besonders pointiert vertreten von SIEDENTOPF[136], die einen Durchgriff raumordnerischer Festsetzungen auf Gemeindeteile generell für unzulässig hält, leuchtet sehr viel eher ein, und sie gewinnt gerade im Hinblick auf die Gebietsreform an Überzeugungskraft. Das oben bereits geschilderte Reformziel der Effizienzsteigerung sollte nicht nur ganz allgemein die gemeindliche Verwaltungskraft stärken, damit es tatsächlich (wieder) etwas zu verwalten und zu entscheiden gibt; Ziel der Reform war es auch und gerade, „den Gemeinden ein sinnvolles, den Erfordernissen des modernen Industriestaates entsprechendes Planen innerhalb eines nach sozio-ökonomischen, versorgungsbezogenen und technischen Kriterien geschnittenen Raumes zu ermöglichen"[137]. Von hier aus gewinnen alle die Vorschriften, die ohnehin für eine möglichst eigenverantwortliche planerische Gestaltung der Gemeinden sprechen, zusätzliches Gewicht: So neben Art. 28 Abs. 2 GG etwa die Regelung des Gegenstromprinzips in § 1 Abs. 4 ROG, der die Berücksichtigung der Erfordernisse auch der Einzelräume verlangt; die Anpassungsbestimmung des § 1 Abs. 4 BBauG, die ebenso ein kommunales Recht beinhaltet, das eigene gemeindliche Gestaltungsspielräume umfaßt und mit dem in § 1 Abs. 7 BBauG ausdrücklich anerkannten kommunalen Planungsermessen verbunden ist[138]; und nicht zuletzt § 2 Abs. 1 BBauG, der die Bauleitpläne der gemeindlichen Planungsverantwortung anvertraut[139]. In diesem Zusammenhang muß auch einmal deutlich gesehen werden, daß speziell der von gebietsscharfen Festsetzungen der Landesplanung betroffene Flächennutzungsplan selbst auch überörtliche Bezüge zu regeln hat; besonders deutlich wird dies in Nrn. 3 und 7 des § 5 Abs. 2 BBauG. Im Hinblick auf die gebietsscharfe Festlegung von zentralen Orten ist schließlich noch § 2 Abs. 1 Nr. 3 Satz 2 und Nr. 6 Satz 2 ROG zu beachten, wo die Funktionen eines zentralen Ortes eindeutig auf die politische Gemeinde als ganzes bezogen sind und nicht auf Teile des Gemeindegebietes[140].

---

132) Dazu im einzelnen SCHMIDT-ASSMANN, Raumforschung und Raumordnung 1978, S. 11 ff.
133) Die wichtigsten Nachweise finden sich bei BLÜMEL, VVDStRL 36 (1978), S. 252 ff.
134) Dazu vor allem ERNST/SUDEROW, aaO. (FN 76), passim.
135) Vgl. ERNST/SUDEROW, aaO. (FN 76), insbesondere S. 10 f. – Zu dem Begriff Alt- und Neufestlegungen: SCHMIDT-ASSMANN, Raumforschung und Raumordnung 1978, S. 13.
136) AaO. (FN 77), insbes. S. 48 ff. Vgl. etwa HOFFMANN, StGB 1977, S. 135.
137) SIEDENTOPF, aaO. (FN 77), S. 56.
138) Dazu etwa SCHMIDT-ASSMANN, Raumforschung und Raumordnung 1978, S. 16 f. m.N.
139) Dazu etwa BIELENBERG, DÖV 1969, S. 381; OVG LÜNEBURG, DÖV 1969, S. 642 ff. – Zur kommunalen Planungshoheit jüngst STEINBERG, DÖV 1979, S. 659 ff. m. z. N.
140) Siehe nächste Seite.

Jedenfalls ist es eklatant widersprüchlich, wenn derselbe Staat, der durch eine kommunale Gebietsreform Großgemeinden bildet, gerade um angemessen große Planungsräume und ausreichend leistungsfähige Träger für die örtliche Planung zu schaffen, akkurat mit dem Argument, die neuen Gemeinden seien zu groß, um selbst voll inhaltlich Ortsplanung betreiben zu können, die landesplanerische Intensität im Gemeindegebiet verstärkt[141]).

Mit diesen Feststellungen erschöpft sich die Aussagekraft globaler Argumentation. Man kommt damit nicht sehr weit, gewinnt wenig für die Entscheidung konkreter Einzelfälle und selbst die Grundsatzfrage (generell zulässig oder generell unzulässig) kann auf dieser Argumentationshöhe nicht überzeugend entschieden werden. Dazu bedarf es einer Differenzierung im Hinblick auf die durchaus unterschiedlichen Arten gebietsscharfer raumordnerischer Festlegungen, und jede Art muß ihrer gesonderten rechtlichen Untersuchung zugeführt werden. SCHMIDT-ASSMANN[142]) hat diese notwendige Differenzierung vorbildlich breit angelegt, und ich kann auf seine Ausführungen verweisen. Aber auch bei ihm ist ein wichtiger Gesichtspunkt unterbewertet, nämlich die Frage der *Erforderlichkeit raumordnerischer Festsetzungen im Gemeindegebiet.* Das Gebot der Erforderlichkeit ist „eine Konsequenz des bei der gesetzgeberischen Ausgestaltung des Selbstverwaltungsrechts wirksamen Übermaßverbots"[143]). Allgemein besagt dieser Grundsatz, daß unter mehreren möglichen (zur Zweckerreichung geeigneten) Instrumenten nur dasjenige gewählt werden darf, das die geringst einschneidenden Folgen nach sich zieht[144]), d.h. konkret die geringst einschneidenden Folgen für die kommunale Selbstverwaltung und die Ortsplanungshoheit der Gemeinden. Bei dieser Zweck-Mittel-Relation ist zu beachten, daß das Gewicht gemeindlicher Planungskompetenz nicht nur durch die kommunale Gebietsreform gestärkt worden ist, sondern ebenso durch jene oben schon angesprochenen Richtwertveränderungen im Bereich der Ressourcen und der Bevölkerungsentwicklung mit der notwendigen Folge einer gesteigerten Akzentuierung ortsbezogener Planung, verstärkter horizontaler Koordinierung im Gegenstromprinzip mit einer „Entfeinerung" der Planung als Gegenbild perfektionistisch angelegter Globalplanung. Dies muß im Rahmen der Erforderlichkeitsprüfung z.B. dazu führen, daß eine gebietsscharfe raumordnerische Festsetzung dann unzulässig ist, wenn die in Frage stehenden übergemeindlichen Belange der Planung durch das vielfältige Instrumentarium zwischengemeindlicher Planungskoordination ausreichende Berücksichtigung finden. Der Erforderlichkeitsgrundsatz erweitert insofern die Sperrwirkung des Bundesrechts. Zu denken ist hierbei etwa an die Abstimmung der Bauleitpläne benachbarter Gemeinden gem. § 2 Abs. 4 BBauG, an die Möglichkeit gemeinsamer Flächennutzungspläne solcher Gemeinden nach § 3 BBauG, an den gerade aus Gründen der Raumordnung und Landesplanung auch zwangsweise herstellbaren Zusammenschluß der Gemeinden und sonstiger öffentlicher Planungsträger zu einem

---

140) So ausdrücklich ERNST/SUDEROW, aaO. (FN 76), S. 16 und SCHMIDT-ASSMANN, Raumforschung und Raumordnung 1978, S. 17. Wenn ERNST/SUDEROW (aaO.) trotzdem eine gebietsscharfe Festlegung von zentralen Orten für zulässig erachten, weil ansonsten die landesplanerischen Festsetzungen so grobmaschig wirken, „daß bei der Ausfüllung durch die kommunale Bauleitplanung eine Erreichung der Ziele der Landesplanung nicht mehr gewährleistet würde", so ist dies nicht mehr als eine bloße Behauptung. Man kann SIEDENTOPF, aaO. (FN 77) S. 27, nur beipflichten, wenn er hierzu kritisch vermerkt: „Für eine These dieser Tragweite für die gemeindliche Selbstverwaltung dürfte man Belege, empirische Nachweise oder mindestens eine plausible Erklärung erwarten. Daran fehlt es vollständig...". Auch der „Rettungsversuch" von SCHMIDT-ASSMANN (aaO.) ist nicht überzeugend. Vor allem wird man bei der „Einmaligkeit" einer so breit und tief angelegten kommunalen Gebietsreform kaum behaupten können, der Gesetzgeber des ROG habe sich auf die „Änderung der kommunalen Szene" einstellen müssen! Außerdem spricht ja gerade diese „Änderung der kommunalen Szene" gegen eine weitere Verdichtung der Planung im allgemeinen und gegen die Gebietsschärfe raumordnerischer Festsetzungen im besonderen.

141) Vgl. auch SCHMIDT-ASSMANN, Raumforschung und Raumordnung 1978, S. 13, sowie SIEDENTOPF, aaO. (FN 77), S. 57.

142) Raumforschung und Raumordnung 1978, S. 11 ff.

143) So mit weiteren Nachweisen zutreffend SCHMIDT-ASSMANN, Raumforschung und Raumordnung 1978, S. 19, ohne aber daraus hinreichende Folgerungen zu ziehen. Vor allem geht es hierbei nicht nur darum, ob gebietsscharfe Festsetzungen „mehr Schaden als Nutzen stiften".

144) LERCHE, Übermaß und Verfassungsrecht. Zur Bindung des Gesetzgebers an die Grundsätze der Verhältnismäßigkeit und Erforderlichkeit (1961), S. 19; WOLFF/BACHOF, Verwaltungsrecht I, 9. Aufl. (1974), § 30 II b 1, S. 179, jew. m.w.N.

Planungsverband gem. § 4 BBauG und schließlich an die Möglichkeit von Zweckverbänden (vgl. § 4 Abs. 8 BBauG).

Auch in diesem Stadium der Überlegung sollte man sich allerdings nicht vorschnell zu generellen Urteilen verleiten lassen. Immerhin aber spricht vieles dafür, daß gebietsscharfe Festlegungen nur in seltenen Ausnahmefällen zulässig sein werden[145]. Es ist darüber hinaus sogar die Frage berechtigt, ob in der Praxis überhaupt ein Fall denkbar ist, in dem überörtliche Belange allein mit einem raumordnerischen Durchgriff auf Gemeindeteile gesichert werden können. Selbst Typenbildung innerhalb unterschiedlicher Planungsaussagen vermögen keine eindeutigen Antworten zu liefern. Wenn SCHMIDT-ASSMANN[146] etwa im Rahmen der Aussagen zur zentralörtlichen Gliederung zwischen Versorgungsbereichen unterscheidet, die das Gebiet der Gemeinde nicht überschreiten und solchen, die deutlich darüber hinausreichen, und bei der zweiten Kategorie eine gebietsscharfe Festsetzung zuläßt, weil „ein beachtliches überörtliches Sachinteresse an einer abgestimmten Lokalisierung der Versorgungseinrichtungen" besteht, so ist ein solches Ergebnis jedenfalls in seiner generellen Stringenz keineswegs überzeugend. Bei dem hier in Frage stehenden Ausstrahlungsbereich bis zur allenfalls mittelzentralen Ebene dürfte die für notwendig erachtete abgestimmte Lokalisierung im Zweifel durch das Instrumentarium zwischengemeindlicher Planungskoordination zu leisten sein, so daß auch eine nur gemeindescharfe Festlegung ausreicht.

Insgesamt bin ich der Meinung, daß sich die bisherigen Überlegungen zu sehr auf der Ebene theoretischer Abstraktion bewegt haben. Eine exemplarisch angelegte empirische Forschung könnte hier weiterhelfen, und es würde mich nicht überraschen, wenn sie zu dem Ergebnis käme, daß — von faktisch bedingter Gebietsschärfe (z.B. abbauwürdiges Mineralvorkommen) abgesehen — kein Fall auszumachen ist, in dem eine über die Gemeindeschärfe hinausgehende Verdichtung raumordnerischer Festlegungen rechtlich erforderlich erscheint.

Von dieser Auffassung ist offensichtlich auch die neueste Entwicklung in Niedersachsen bestimmt. Das mit Wirkung vom 31.5.1978 geänderte Landesraumordnungsprogramm (Nds. MBl. 1978, S. 722) hat die gemeindliche Eigenverantwortlichkeit im Bereich der Planung erheblich verstärkt. Aufschlußreich ist hier die Erläuterung der Änderung des Raumordnungsprogramms durch den Niedersächsischen Minister des Innern (Schreiben vom 3.1.1978, Az.: 36.1 — 20.301/1):

> „Es ist die erklärte Absicht der Landesregierung, den Handlungsspielraum der Gemeinden zu erweitern und insbesondere ihr eigenverantwortliches Handeln im Planungsbereich zu stärken. Für den Bereich Raumordnung bedeutet dies, Funktionen, die die Siedlungsentwicklung einer Gemeinde bestimmen (zentralörtliche Versorgungsaufgabe, Schwerpunktfunktion, besondere Entwicklungsaufgaben, Eigenentwicklung) sollen in Raumordnungsprogrammen nicht mehr gemeindeteilweise, d.h. standörtlich, festgelegt, sondern den Gemeinden/Samtgemeinden global zugewiesen werden. Die Gemeinden selbst haben künftig — im Rahmen der städtebaulichen Ordnung und unter Beachtung der übrigen Ziele der Raumordnung — innerhalb ihres Gemeindegebiets den Standort zu bestimmen, an dem diese Funktionen erfüllt werden sollen. Deshalb sollen bisherige Standortfestlegungen aufgehoben und Ermächtigungen zu derartigen Festlegungen aus dem Programm herausgenommen werden."[147]

III. Das zentralörtliche System

Abschließend soll wenigstens noch kurz die Frage erörtert werden, ob das für die Planung besonders wichtige Konzept der zentralen Orte[148] nach der kommunalen Gebietsreform eine Änderung erfahren muß. Im Blickpunkt stehen hierbei vornehmlich die Klein- und Unterzentren, die möglicherweise in Ländern mit besonders großen Gemeinden (Nordrhein-Westfalen, Niedersachsen) überflüssig geworden sein könnten, weil diese Gemeinden durchweg jedenfalls Einrichtungen des einfachen und qualifizierten Grundbedarfs auf ihrem Gebiet ausweisen. Eine

---

[145] Ähnlich im Ergebnis SIEDENTOPF, aaO. (FN 77), S. 51 ff.
[146] Raumforschung und Raumordnung 1978, S. 20.
[147] Zur ähnlichen Entwicklung in Nordrhein-Westfalen: SIEDENTOPF, aaO. (FN 77), S. 50 f.
[148] Allgemein dazu R. WAHL, aaO. (FN 120), S. 11 ff. m.z.N.

abschließende Beurteilung müßte im derzeitigen Stadium als verfrüht erscheinen. Immerhin sind aber auch (noch) keine Entwicklungen erkennbar, die im Ansatz eine Änderung jener Grundsituation erkennen ließen, die das zentrale-Orte-Konzept bedingen. Insbesondere bringt die Maßstabsvergrößerung als solche, auch in Verbindung mit der Stärkung der Verwaltungskraft einer Gemeinde insgesamt, noch keine infrastrukturelle Lageveränderung und auch die Entfernungen zwischen entwicklungsschwachen Randgebieten und Entwicklungszentren werden durch Eingemeindungen nicht kürzer. Die Maßstabsvergrößerung und das damit veränderte Bezugsraster führt allerdings dazu, daß sich bereits getroffene Festsetzungen von zentralen Orten der beiden untersten Stufen z.T. nunmehr auf Gemeindeteile beziehen oder bei Neufestsetzungen auf Gebietsteile von Großgemeinden zu beziehen sind. Das bringt, wie oben Ziff. II dargelegt, Kompetenzprobleme mit sich, beeinflußt aber nicht das Wesen des zentralen-Orte-Konzepts.

IV. Schlußbemerkung

Die weitere Entwicklung bedarf der peniblen Beobachtung. Und dies nicht nur, weil die kommunalen Gebietsreformen eine weitgreifende Veränderung der räumlichen, bevölkerungsmäßigen und z.T. auch der rechtlichen Verfaßtheit unserer Kreise und Gemeinden brachten, deren vor allem auch mentalen Folgen für den Bürger und die Gestimmtheit des gesamten Gemeinwesens noch nicht erkannt und abzusehen sind. Hinzu tritt, parallel verlaufend, aber nicht selten vielfältig kumulativ wirkend, die skizzierte Veränderung der Planungslage durch abnehmende Ressourcen und negative Bevölkerungsentwicklung. Die neuen Richtwerte werden auch Bereiche in Bewegung bringen, die von der Gebietsreform unmittelbar nicht berührt sind. Das soeben behandelte zentrale-Orte-Konzept wäre ein Beispiel. Beläßt man es hier dabei, den *Bestand* (an Einwohnern und Infrastruktureinrichtungen) als entscheidendes Anknüpfungskriterium für die zentrale-Orte-Einstufung zu verwenden, so wird der Geburtenrückgang generell eine Vergrößerung der Versorgungsbereiche verlangen und ein Teil der zentralen Orte der unteren und mittleren Stufe wird aufgegeben werden müssen[149]. Dies würde natürlich vor allem den ohnehin unter Abwanderungsdruck stehenden ländlichen Raum besonders treffen und die dort „zweifellos noch vorhandenen positiven Beharrungstendenzen beeinträchtigen"[150]. Man wird daher umdenken und den Akzent stärker auf den *Bedarf* setzen müssen, soll das zentrale-Orte-Konzept nicht zu einem Instrument der passiven Sanierung werden.*)

---

[149] Dazu näher etwa P. JOST, structur 1974, S. 73 ff. m.N.
[150] DICK, aaO. (FN 118), S. 10.
*) Für die Hilfe bei der Aufbereitung des statistischen Materials und Hinweise auf schwerzugängliche Unterlagen danke ich Herrn Ministerialdirigent Dr. BUCHNER vom Bayerischen Staatsministerium für Landesentwicklung und Umweltfragen, Herrn Dr. CRISTIAN O. STEGER vom Gemeindetag Baden-Württemberg, dem Deutschen Städtetag, der Höheren Landesplanungsbehörde und Bezirksplanungsstelle bei der Regierung von Oberfranken und insbesondere Herrn Beigeordneten Dr. VON DER HEIDE vom Deutschen Landkreistag. Meinem Assistenten, Herrn Assessor JÜRGEN MEINS, danke ich für vielfältige Unterstützung.

Referat Professor Dr. Hermann Korte, Bochum

Funktionswandel, bürgerschaftliches Engagement und Identifikationsmöglichkeiten im kommunalen Raum

„Der besonders in neueren Zeiten sichtbar gewordene Mangel an angemessenen Bestimmungen in Absicht des städtischen Gemeinwesens und der Vertretung der Stadt-Gemeine, das jetzt nach Klassen und Zünften sich theilende Interesse der Bürger und das dringend sich äußernde Bedürfniß einer wirksamern Theilnahme der Bürgerschaft an der Verwaltung des Gemeinwesens, überzeugen Uns von der Nothwendigkeit, den Städten eine selbständigere und bessere Verfassung zu geben, in der Bürgergemeine einen festen Vereinigungs-Punkt gesetzlich zu bilden, ihnen eine thätige Einwirkung auf die Verwaltung des Gemeinwesens beizulegen und durch diese Theilnahme Gemeinsinn zu erregen und zu erhalten".

Wüßte man nicht, daß dieses Zitat der einleitenden Präambel der preußischen Städteordnung von 1808[1]) entnommen ist, könnte man meinen, hier spricht jemand, der sich über das Problem der „Grünen", der Alternativen Listen, der sinkenden Wahlbeteiligung bei den Kommunalwahlen Gedanken macht und den das Verhältnis Staat, Parteien und Bürger beschäftigt. Bürgernähe und das im Entstehen befindliche kommunale Berufspolitikertum sind weitere Stichworte, die einem in diesem Zusammenhang einfallen können. Das Zitat ist im übrigen ein Hinweis darauf, daß man über bürgerschaftliches Engagement und Identifikationsmöglichkeiten nur im Zusammenhang der Entwicklung der kommunalen Selbstverwaltung nachdenken kann.

Schon ein kurzer Blick auf die Entwicklung, die zu der heutigen Form der kommunalen Selbstverwaltung in der Bundesrepublik geführt hat, zeigt, daß einer der wichtigsten Meilensteine die oben erwähnte Städteordnung des FREIHERRN VOM STEIN im Zusammenhang mit der preußischen Reformgesetzgebung des Jahres 1808 ist[2]). Die davorliegende Zeit, also etwa das frühe und hohe Mittelalter, hatte eine Fülle von unterschiedlichen Ausprägungen des Verhältnisses zwischen Selbstregierungen in Städten und einer unterschiedlich starken – oder man könnte auch sagen in manchen Zeiten unterschiedlich schwachen – Zentralgewalt gekannt. Die Einführung der kommunalen Selbstverwaltung in Preußen zu Anfang des 19. Jahrhunderts brachte eine neue Qualität gegenüber den mittelalterlichen Formen kommunaler Autonomie bzw. des Verhältnisses von kommunaler Autonomie und koordinierender Zentralinstanz. Diese Initiative war aber sehr wohl eingebunden in die langfristige Entwicklung dieses Verhältnisses und mehr als, wie FORSTHOFF meint, „eine staatliche Schöpfung und nichts anderes"[3]).

Es besteht sicherlich Einigkeit darüber, daß Form und Inhalt der kommunalen Selbstverwaltung sich seit der preußischen Städteordnung vielfach verändert haben. Dies ist ja auch der Tenor bundesgerichtlicher Rechtsprechung. Im Urteil des Bundesverfassungsgerichtes vom 29. April 1958 heißt

---

[1]) Ordnung für sämtliche Städte der Preußischen Monarchie mit dazu gehöriger Instruktion, Beruf der Geschäftsführung der Stadtverordneten bei ihren ordnungsgemäßen Versammlungen. Vom 19ten November 1808. Abgedruckt in CH. ENGELI/W. HAUS, Quellen zum modernen Gemeindeverfassungsrecht in Deutschland, Stuttgart 1975, S. 104 ff.

[2]) Siehe dazu: HEFFTER, H., Die deutsche Selbstverwaltung im 19. Jahrhundert. Geschichte der Ideen und Institutionen, Stuttgart 1950; RAMIN, E., Die Geschichte der Selbstverwaltungsidee seit dem FREIHERRN VOM STEIN, Juristische Dissertation, Münster 1972.

[3]) FORSTHOFF, E., Lehrbuch des Verwaltungsrechts, 1. Band: Allgemeiner Teil, 7. Abschnitt: Das Recht der Kommunalen Selbstverwaltung, § 25: Grundlagen des Gemeinderechts, München-Berlin 1966, S. 488. Anders BECKER, E, Entwicklung der deutschen Gemeinden und Gemeindeverbände im Hinblick auf die Gegenwart. In: Handbuch der Kommunalen Wissenschaft und Praxis, hrsg. von H. PETERS, Berlin-Göttingen-Heidelberg 1956, der die STEIN'sche Städteordnung m.E. zutreffend wertet als eine „Erneuerung der Kommunalen Selbstverwaltung in Deutschland" (S. 82).

es hierzu: „Selbstverwaltung ist insoweit ein geschichtlich gewordener Begriff als historischen Entwicklungen in einem gewissen Ausmaß bei der Bestimmung dessen, was unter dem Wesen der Selbstverwaltung zu verstehen ist, Rechnung getragen werden muß"[4]. Nun fragt man sich natürlich, auf was sich diese historischen Entwicklungen beziehen und erfährt bei genauerem Hinsehen, daß es sich dabei um den sich verändernden Anteil handelt, den kommunale Selbstverwaltung an der Gesamtheit öffentlicher Aufgaben und Entscheidungshandlungen hat. Die historische Veränderung bezieht derung bezieht sich also auf das Verhältnis, Juristen würden vielleicht sagen auf das Spannungsverhältnis, zwischen oberen staatlichen Instanzen und der kommunalen Selbstverwaltung. Soziologen sagen zu demselben Vorgang, daß es sich um ein Machtverhältnis zwischen dezentraler Autonomie und koordinierenden Zentralinstanzen handelt.

Ich lasse einmal die Frage wirtschaftlicher Notwendigkeiten der STEIN-HARDENBERGschen Reformen hier außer acht[5] und betone nur die Bedeutung der Reformen für die Entstehung einer kommunalen Selbstverwaltung „als dezentralisierte Selbstbesorgung der örtlichen Verwaltungsaufgaben durch das Bürgertum der Städte"[6]. Sicher wäre es eine interessante Frage zu untersuchen, wie weit eine juristische Abgrenzung von Staat und Selbstverwaltung in der Städteordnung stattfindet und wie sich dieses Verhältnis in dem tatsächlichen Grad der Autonomie der Selbstverwaltungsträger gegenüber den staatlichen Organen niederschlug und wie stark die koordinierenden und kontrollierenden Zentralinstanzen immer noch in der Lage waren, im Wege der Aufsicht in die städtische Autonomie einzugreifen[7]. Diese Untersuchungen würden nach meiner Auffassung ganz sicher dazu führen, daß ein differenziertes Bild des tatsächlichen Grades der kommunalen Autonomie in den einzelnen Entwicklungsphasen entstehen würde. Dies kann ich aus Zeitgründen hier nicht weiterverfolgen.

Es geht mir an dieser Stelle vor allen Dingen darum, die Motive, wie sie sich z.B. bei dem FREIHERRN VOM STEIN finden, zu benennen, da sie für unser heutiges Problem, nämlich die spezifische Ausgestaltung des bürgerlichen Engagements und die Identifikationsmöglichkeiten, von Bedeutung sein können. Insbesondere die STEINschen Bemühungen waren darauf gerichtet, die Bindung des Bürgertums an den Staat wieder zu erreichen, die im Absolutismus fast gänzlich verloren gegangen war. Das obrigkeitsstaatliche System des ausgehenden 18. Jahrhunderts schloß den Bürger von der Teilnahme am Staatssystem aus und ließ dadurch, wie es in der Nassauer-Denkschrift heißt, „das Band, das ihn an sein Vaterland bindet, unbenutzt"[8].

Eine Untersuchung der Entwicklung des Prinzips der kommunalen Selbstverwaltung im 19. Jahrhundert kann hier aus Zeitgründen ebenfalls nicht erfolgen. Man muß aber festhalten, daß es in der zweiten Hälfte des 19. Jahrhunderts praktisch zu einer mit erheblichen Kontroll- und Koordinierungskompetenzen ausgestatteten zentralen Bürokratie kommt, wobei die Industrialisierung, die in diesem Zusammenhang zu beobachtenden starken Bevölkerungsbewegungen und die damit verbundenen Binnenwanderungen die einzelnen Gemeinden vor erhebliche Probleme und Belastungen stellte, die ohne koordinierende Beiträge staatlicher Zentralinstanzen nicht gelöst werden konnten. Dies läßt sich z.B. auch an der Kreisform von 1872 ablesen, wo neben einer sehr engumschriebenen Autonomie der städtischen Gemeinden eine umfassende Autorität der zentralen Staatsgewalt postuliert wird.

Erst die Weimarer Verfassung bringt dann im Zusammenhang mit der allgemeinen Demokratisierung des staatlichen Lebens erstmals wieder eine grundlegende Veränderung des Verhältnisses von Staat und Gemeinden[9]. Allerdings kann man dann über die Spanne der Zeit zwischen 1920

---

[4]) BVerfGE Bd. 7, S. 364.

[5]) Siehe dazu: RODENSTEIN, M, Thesen zum Wandel der Kommunalen Selbstverwaltung in Deutschland. In: EMENLAUER, R. u.a., Die Kommune in der Staatsorganisation, Frankfurt/M., S. 35–71.

[6]) WEBER, W., Staats- und Selbstverwaltung in der Gegenwart, Göttingen 1967, S. 61 f.

[7]) Siehe hierzu insbesondere RAMIN, E., aaO.

[8]) STEIN, FREIHERR VOM, Nassauer Denkschrift. In: BOTZENHART, E./IPSEN, G. (Hrsg.) FREIHERR VOM STEIN. Ausgewählte politische Briefe und Denkschriften, Aalen 1955, S. 115.

[9]) Siehe dazu: HERZFELD, H.; Demokratie und Selbstverwaltung in der Weimarer Epoche, Stuttgart 1957.

und 1932 sehen, wie das neue kommunale Selbstverwaltungsrecht doch in verschiedener Hinsicht stark beschnitten wird, wobei die Finanzreform des Jahres 1920 schon sehr früh damit beginnt, die Gemeinden an das Gängelband von Dotationen und stets zu knapp bemessenen Zuwendungen der staatlichen Zentralinstanzen zu legen[10]). Vor allem die ständige Vermehrung der staatlichen Auftragsangelegenheiten ohne hinreichende finanzielle Ausstattung, die Zunahme der Eingriffe durch Reich und Länder „minimalisierte", wie BECKER[11]) dies beschrieben hat, die kommunale Selbstverwaltung immer stärker.

In der Bundesrepublik war nach 1948 mit dem Grundgesetz die kommunale Selbstverwaltung zunächst in einer starken Position. Sie wurde ihr zunächst auch belassen. Dies aus ähnlichen Gründen, die einst den Grafen HARDENBERG zu seinem Reformanteil bewegten. Der sozio-ökonomische Wiederanfang nach einer militärischen, und man muß nach dem Zweiten Weltkrieg hinzufügen, nach einer nationalen Niederlage machten es notwendig, Engagement und Identifikationsmöglichkeit vor Ort zu wecken und zu bewahren. Es war zunächst geboten, eine relativ dezentralisierte Landschaft zu akzeptieren, den Gemeinden und Kreisen größere Kompetenzen gegenüber den Zentralinstanzen zuzuweisen, als es jemals zuvor der Fall gewesen war. In den 60er Jahren verändert sich dieses Verhältnis dann, und es kommt zu einer erneuten Veränderung des Spannungsverhältnisses zwischen Zentralinstanzen und kommunaler Selbstverwaltung, zu einem erneuten Zentralisierungsschub zu Gunsten der staatlichen Zentralinstanzen. Meilensteine dieser Entwicklung sind m.E. das Stabilitätsgesetz von 1967 und das Gemeindefinanzreformgesetz von 1969, obgleich dies für den einzelnen Bürger nicht so deutlich in Erscheinung trat, wie bei den insbesondere zu Beginn der 70er Jahre reichlich durchgeführten kommunalen Neuordnungen, bei denen in der Regel die territorialen Maßstabsvergrößerungen auf der kommunalen Ebene auch zu mehr Koordinationsaufgaben bei den übergeordneten Zentralinstanzen geführt haben. Dies ist aber etwas, was Bürger als Ergebnis einer aus vielen Einzelteilen bestehenden und in einer langfristigen Entwicklung eingebundenen Entwicklungsphase durchaus bemerken, obgleich sie in den Modellen und den Überlegungen, die im Zusammenhang mit der Begründung für kommunale Neuordnungen angestellt worden sind, in der Regel nur als abstrakte Größen auftauchen.

Dies gilt auch für die Standortmodelle bzw. die Standorttheorien, die diesen Überlegungen zugrunde lagen. Ich will die Diskussion hier nicht erneut beginnen, sondern nur anmerken, daß es sich bei der Theorie der Zentralorte und ihrer verschiedenen Ausdifferenzierungen zunächst um die Überführung einer geisteswissenschaftlich-empirisch gewonnenen Hypothese über die Gründe der Verteilung von Angeboten im Raum in eine normative Handlungstheorie zur Regulierung einer Hierarchie von Angeboten handelt[12]). Menschen kommen in all diesen Vorstellungen, wenn überhaupt, nur als abstrakte und insbesondere unveränderte Wesen vor. Dies entspricht im übrigen auch der seit dem Liberalismus in allen Staatstheorien wiederzufindenden Vorstellung vom Menschen als einem in sich geschlossenen Ganzen, das offensichtlich als handelndes Wesen keiner Veränderung unterliegt. Da wir im Zusammenhang mit räumlichen Planungen aber so oft davon sprechen, daß der Mensch im Mittelpunkt dieser Planung stehe bzw. zu stehen habe, erlaube ich mir, meine weiteren Ausführungen diesem Menschen zu widmen.

So wie sich das Spannungsverhältnis von kommunaler Autonomie und zentraler Steuerung und Koordination über die Jahrhunderte verändert, so verändern sich auch die Menschen, die in der

---

[10]) „Das Ergebnis der Neuregelung war bis zum Ende der Weimarer Zeit, daß diese Dotationen durch Reich und Länder stets zu knapp bemessen und zu spät ausgeschüttet wurden. Die Städte, deren finanzielle Lage jetzt ebenso von den Zentralbehörden des Reiches wie der Länder abhängig geworden war, standen in der Hauptsache vor der Zerstörung ihrer finanziellen Bewegungsfreiheit, ohne die eine echte Selbstständigkeit und eine eigene Verantwortung im Grund nicht gedacht werden konnten", HERZFELD, H., aaO., S. 20.

[11]) BECKER, E., aaO., S. 685.

[12]) Ausführlich habe ich mich dazu geäußert in: KORTE, H., Mechanistische und kurzfristige Betrachtungsweisen bei regionalen Planungen, in: P. GLEICHMANN, J. GOUDSBLOM, H.KORTE, Human Figurations, Essays for-Aufsätze für NORBERT ELIAS, Amsterdam 1977; wiederabgedruckt in: KRABS, O. (Hrsg), Verwaltung und Planung im Wandel, Köln 1979, S. 39—55; siehe auch KEMMERER, K., SCHWARZ, N. und WEYL, H., Strukturräumliche Ordnungsvorstellungen des Bundes, Schriftenreihe der Kommission für wirtschaftlichen und sozialen Wandel, Göttingen 1975.

Kommune zusammenleben bzw. in der Zentralregierung arbeiten. NORBERT ELIAS hat für diese Entwicklungen in seiner Zivilisationstheorie[13]) zwei langfristige Entwicklungstendenzen aufgezeigt, die ich als Überleitung zum nächsten Punkt hier kurz darstellen möchte. ELIAS hat nachgewiesen, daß auch für westliche europäische Gesellschaften Monopolisierungsprozesse über lange Fristen festzustellen sind. Er beschreibt, wie durch Zentralisierung und Monopolisierung Chancen, die zuvor von Einzelnen durch kriegerische oder wirtschaftliche Gewalt erstritten werden mußten, einer Planung unterworfen und dadurch handhabbar werden. Er zeigt, wie von einem bestimmten Zeitpunkt an sich der Kampf um Monopole nicht mehr auf die gegenseitige Zerstörung der Monopole richtet, sondern auf die Verfügungsgewalt über ihre Erträge, auf die Planung ihres Aufbaus.

Schließlich, in einem letzten Schritt geht es dann im wesentlichen nur noch darum, daß sich das Privatmonopol Einzelner in ein öffentliches Monopol verwandelt, wobei die Verteilung der Monopolträge nach einem Plan erfolgt, der kaum noch am Interesse Einzelner, sondern vor allem am Kreislauf der arbeitsteiligen Prozesse selbst orientiert ist.

Zu der besonderen Leistung von NORBERT ELIAS gehört nun, daß er gezeigt hat, daß langfristige Prozesse wie z.B. Monopolisierungsprozesse, die er unter dem Oberbegriff „soziogenetische Entwicklungen" zusammengefaßt hat, dazugehörige „psychogenetische Entwicklungen" haben. Die Entwicklung von Gewaltmonopolen zu Planungs- und Verteilungsmonopolen ist verbunden mit der Entwicklung von stärkeren Selbstzwängen. Dem Reichsritter genügte der direkte Zwang, ein Gewaltmonopol; hochindustrialisierte Gesellschaften kennen Planungs- und Verteilungsmonopole. Diese bedürfen im besonderen der Selbstzwänge der Menschen, d.h. viele ehemals äußeren Zwänge müssen verinnerlicht sein. Hier haben wir nun eine Möglichkeit, die Entwicklung des Verhältnisses von dezentralen und zentralen Instanzen eben nicht nur mit einem abstrakten Menschenbild in Verbindung zu bringen, sondern die Veränderung der einzelnen Menschen, die unsere Gesellschaft miteinander bilden, mit in die Überlegungen einzubeziehen. Der Gesichtspunkt, daß es sich bei der kommunalen Autonomie *auch* um Identifikationsmöglichkeiten und Handlungsmöglichkeiten der in der Gemeinde lebenden, lebendigen Menschen handelt, ist im Verlauf der fast 200jährigen Entwicklung immer mehr in den Hintergrund getreten. Wir brauchen aber, um bestimmte Formen bürgerschaftlichen Engagements, heutige Formen der Identifikationsmöglichkeiten im Zusammenhang mit dem Funktionswandel kommunaler Selbstverwaltung verstehen zu können, die Einsicht in diesen unauflösbaren Zusammenhang: Die sozialen Organisationen, die Menschen miteinander bilden, bleiben nicht ohne Einfluß auf ihre psychisch-personale Entwicklung (und man kann diesen Vorgang auch umgekehrt ausdrücken). Dabei handelt es sich nicht um relativ einfache Beziehungszusammenhänge, sondern um recht diffizile und, wie es manchmal auf den ersten Blick scheint, auch um gegenläufige Tendenzen.

Die soziologische Position, von der ich hier ausgehe, setzt im Zusammenhang mit Monopolisierungsprozessen voraus, daß es sich dabei um mit der gesellschaftlichen Entwicklung verbundene funktionale Notwendigkeiten handelt und nicht etwa um die Realisierung von Machtgelüsten. Moderne Gesellschaften sind in einem hohen Grade arbeitsteilige Gesellschaften und benötigen deswegen auch ein hohes Maß an zentraler Koordination und sind in diesem Zusammenhang allerdings auch auf ein hohes Maß an Selbstregulierung, an Selbstzwang oder, wie man im Volksmund sagen würde, an Pflichtbewußtsein angewiesen. Nun ist das scheinbar Paradoxe, daß man in hochdifferenzierten Industriegesellschaften, die durch hohe Funktionsteilung, lange, sehr komplizierte Interdependenzketten gekennzeichnet sind, nicht nur eine zunehmende Verlagerung von Kontroll-, Koordinations- und Entscheidungskompetenzen auf höhere staatliche Integrationsebenen beobach-

---

[13]) ELIAS, N., Über den Prozeß der Zivilisation. Soziogenetische und psychogenetische Untersuchungen. Bd. I: Wandlungen des Verhaltens in den weltlichen Oberschichten des Abendlandes, Bd. II: Wandlungen der Gesellschaft. Entwurf zu einer Theorie der Zivilisation, erstmals Basel 1939, jetzt bei Suhrkamp Taschenbücher Wissenschaft 158/159, Frankfurt 1976; wichtig für den hier diskutierten Zusammenhang ist auch ELIAS, N., Die höfische Gesellschaft. Untersuchungen zur Soziologie des Königstums und der höfischen Aristokratie mit einer Einleitung: Soziologie und Geschichtswissenschaft, Neuwied und Berlin 1969. Weiterführende Arbeiten zu dem Werk von NORBERT ELIAS und eine vollständige Biographie in P. GLEICHMANN, I. GOUDSBLOM, H. KORTE, Materialien zu NORBERT ELIAS' Zivilisationstheorie, Frankfurt 1979.

tet, sondern diese Entwicklung ist eng verbunden mit einer Verringerung der Machtunterschiede zwischen Regierungen und Regierten sowie zwischen den verschiedenen Schichten durch das, was man als Soziologe funktionale Demokratisierung nennt[14]).

Dies hängt damit zusammen, daß zumal in Demokratien immer größere Zentralisierungsschübe gegenüber den Menschen nur dann legitimiert werden können, wenn gleichzeitig auf der individuellen Ebene Zugewinne für die Menschen erkennbar sind. Dies kann ein größerer Anteil am gemeinsam erarbeiteten Volkseinkommen sein, das kann eine Verringerung der sozialen Hierarchie sein, oder dies kann ein Machtzuwachs, eine Zunahme an Verfügungs- und Entscheidungsmöglichkeiten sein. Betrachten wir unsere Gesellschaft, also die Gesellschaft der Bundesrepublik Deutschland, so können wir wohl sagen, daß sie nicht nur gekennzeichnet ist durch ein relativ hohes Maß an Zentralisierung von Planungen und Entscheidungen, sondern auch gekennzeichnet ist durch eine erhebliche Zunahme an persönlichen Verfügungs- und Entscheidungsmöglichkeiten für die einzelnen Menschen im sozio-ökonomischen Bereich. Die Möglichkeit der Menschen auf den Inhalt ihres alltäglichen Lebens Einfluß zu nehmen, ihre stark gewachsene Bewegungsfreiheit, ihre größer gewordenen Anteile an dem gemeinsam erarbeitenden Volkseinkommen sowie eine relative Abnahme sozialer Hierarchisierung in unserer Gesellschaft hat insgesamt zu einer sowohl objektiven wie subjektiven Stärkung der Position des Einzelnen geführt.

Nun ist dieser Vorgang an und für sich nicht neu. Dieses hat es, das unterstellt ja schon die These von dem Zusammenhang der sozialen und psychischen Entwicklungen, auch in anderen Phasen gesellschaftlicher Entwicklung gegeben, und ich darf in diesem Zusammenhang nur daran erinnern, daß es ja gerade das zu mehr Macht gekommene, zu mehr wirtschaftlichem Einfluß, zu mehr individuellen Möglichkeiten gelangte Bürgertum war, auf das sich die Aktivitäten des FREIHERRN VOM STEIN richteten. Das Besondere der heutigen Situation ist, daß im Zusammenhang mit dem Aufstieg der Bundesrepublik Deutschland zu einer der führenden Nationen der Welt sich bei gleichzeitig bisher höchstem Demokratisierungsgrad erstmals für *große* Teile der Bevölkerung dieser individuelle Zuwachs an Verfügungs- und Machtmöglichkeiten eingestellt hat. Wir beobachten dies ja auch auf anderen Gebieten, etwa im Bereich der Geburtenentwicklung, wo diese Frage auch eine ganz erhebliche Rolle spielt[15]). Wir beobachten dies im Zusammenspiel der Tarifpartner im Bereich der Mitbestimmung, wir beobachten dies in der stärkeren Berücksichtigung der Ansprüche von Frauen in unserer Gesellschaft, wir beobachten dies bei der früheren Volljährigkeit. Dies sind — vermehrbare — Beispiele für die mit der hohen Funktionsteilung und den enormen Steuerungsnotwendigkeiten in unserer Gesellschaft gleichzeitig eingetretenen Zuwächse an individuellen Verfügungsmöglichkeiten.

Was kann man nun aus der qualitativen Bestandsaufnahme dieser jetzigen Phase der Entwicklung für Schlüsse ziehen?

Erstens muß man sich klar darüber sein, daß dieser Zuwachs an individuellen Verteilungs- und Bestimmungsmöglichkeiten nicht etwa das funktional notwendige Maß an Selbstzwängen mindert, sondern lediglich nicht-funktionale Selbstzwänge sich langsam abbauen. Um es mal mit allgemeineren Worten zu sagen: Das Pflichtbewußtsein der Bürger läßt sich nicht mehr unbesehen für jede Art von Planungsentscheidungen in Anspruch nehmen.

Zweitens ist in diesem Zusammenhang von großer Wichtigkeit, daß nicht nur mit den verschiedenen kommunalen Neugliederungen, sondern insgesamt mit der Entwicklung funktionaler und zentralistischer Entscheidungsinstanzen bei höheren staatlichen Ebenen ein Leerraum entstanden ist, der hinsichtlich der Teilnahme an Entscheidungsprozessen für die Einzelnen nicht mehr adäquat auszufüllen ist. Solange der Machtzuwachs in der Gesellschaft bis vor 10 oder 15 Jahren nur einzelne Gruppen betraf, die darüberhinaus jeweils relativ klein waren, war die Vermittlung

---

[14]) Siehe hierzu besonders ELIAS, N., Was ist Soziologie, Grundfragen der Soziologie Band 1, München 1970, S. 70 ff.
[15]) Siehe dazu KORTE, H., Bevölkerungsbewegungen als Beispiel ungeplanter Prozesse, in GLEICHMANN, P., u.a. (Hrsg.). 1979, aaO., S. 407–430.

zwischen den zentralen Instanzen und den einzelnen Menschen durch die Organisierung von Interessen möglich[16]). Mit der ungewöhnlichen Verbreiterung der individuellen Machtzuwächse ist diese Form der Wahrnehmung über organisierte Interessen für die Mehrzahl der Menschen nicht mehr nachvollziehbar, wird der individuelle — und zwar sowohl objektiv vorhandene wie subjektiv empfundene — Zuwachs an Machtpotential im staatlich politischen Bereich nur noch selten erlebbar. Wobei hinzukommt, daß bei steigendem Bildungsgrad und sinkenden allgemeinen und privaten Wachstumsraten der verinnerlichte Zwang abnimmt, sich ökonomischen, planerischen oder sonstwie begründeten Effizienz- und Produktivitätszwängen unterzuordnen. Das was manchem in unserer Gesellschaft als ein Rückgang von Pflichtbewußtsein erscheint, ist lediglich die Reduzierung der internalisierten Zwänge auf funktionell Notwendiges und rational Einsehbares. Die Zeiten, um es einmal relativ einfach auszudrücken, in denen Bürger sich staatlichen Maßnahmen im Bereich z.B. der Straßen- und Verkehrsplanung oder bestimmter städtebaulicher Planungen etwa mit der Einstellung unterordneten „Was sein muß, muß sein!", ist der Frage gewichen: „Muß das sein?"

Drittens ist die Art der Ablehnung bzw. die Reaktion auf diesen Leerraum, in dem man seine individuellen Ansprüche an Machtteilhabe nicht realisieren kann, unterschiedlicher Art. Insgesamt ist diese Reaktion zur Zeit relativ privatistisch. Man kann zwei Gruppen unterscheiden. Die eine kennzeichnet der privatistische Rückzug aus politischer Teilnahme mit einem relativ breiten Spektrum an Konsumorientierung, wobei die Ausprägungen von urbanen Kleinfamilien bis hin zu alternativen ländlichen Gemeinschaftsexperimenten reichen können. Eine der Fehlinterpretationen der heutigen Entwicklung ist in meinen Augen der häufig gemachte Versuch von politischen Gruppen, diese Entwicklung mit der Kennzeichnung 'small is beautiful' in den Griff zu bekommen. Es handelt sich bei den meisten dieser Versuche nicht um Tendenzen der Dezentralisierung, sondern es handelt sich schlicht um den Wunsch, alleingelassen zu werden. Es geht also meist nicht um 'small is beautiful', sondern um 'alone is beautiful'.

Die zweite Gruppe von Menschen, die man in ihren Reaktionen auf diesen Leerraum unterscheiden kann, besteht aus denjenigen, die, um die Erfahrung ihrer individuellen Machtmöglichkeiten zu realisieren, sich in die Wir-Perspektive von lokalen Bürgerinitiativen begeben. Hier ist eine Möglichkeit entstanden, sich sowohl gegen nicht einsichtige Planungseingriffe in private Bereiche zu wehren als auch im Zusammenhang mit der Entstehung von überörtlichen Organisationen dieser zunächst ja meist lokalen Initiativen, sich auch gegen Ansprüche zur Wehr zu setzen, die dem funktionalen Verständnis des notwendigen Maßes an Unterordnung und staatliche Reglementierung nicht mehr entsprechen. In diesem Zusammenhang ist es kein Wunder, daß insbesondere Bereiche wie Straßenbau, Atomenergie und bestimmte Bereiche des Umweltschutzes Gegenstand dieser Art von Bürgeraktivitäten sind, da es sich hier um solche Bereiche handelt, die bisher am wenigsten gesellschaftlich koordiniert worden sind und daher nicht zufällig technische Effizienz und technische Produktivitätsansprüche in einem Maß in den Vordergrund stellen, das in der jetzigen Phase der Entwicklung unserer Gesellschaft nicht mehr ohne weiteres realisierbar ist[17]). Aus dem gleichen Grund hat eine Steuer-Partei kaum Chancen, da der Steuerbereich der großen Mehrheit als ausdiskutiert erscheint.

Viertens sind unter diesen Gesichtspunkten geringe Wahlbeteiligung und der Erfolg der sogenannten Grünen bei den letzten Kommunalwahlen äquivalente Antworten auf fehlende Möglichkeiten, gewachsene individuelle Lebens- und Machtchancen zu erleben. Hierzu möchte ich zwei Anmerkungen machen. Die Grünen sind auf der einen Seite nicht etwa der Anfang vom Aufstand der Volksmassen, wie manche Ideologen sich gerne vorgaukeln, es handelt sich um den Versuch von Demokraten, im Rahmen der demokratischen Spielregeln adäquate Möglichkeiten für gesellschaft-

---

16) Auf diese Vorgänge bezog sich HABERMAS, I., Strukturwandel der Öffentlichkeit, Neuwied 1962.

17) Es ist für einen Soziologen faszinierend zu beobachten, wie z.B. die speziellen Richtlinien für die Anlage von Stadtstraßen (RAS) und für Landstraßen (RAL) in den letzten 30 Jahren fern von gesellschaftspolitischen Diskussionen einen derartigen allgemeinen Rationalitätsanspruch entwickelt haben, daß mit ihnen nunmehr gesellschaftspolitische Diskussionen erheblich erschwert werden können.

lich zugewachsene Ansprüche an Machtteilhabe zu realisieren. Und zum anderen sind die Grünen eben auch nicht nur ein Problem der Umweltplanung. Wer sich der trügerischen Hoffnung hingibt, dieses Problem würde sich von alleine erledigen, wenn man erst einmal eine etwas vernünftigere Planung der Umwelt vom Straßenbau bis zur Atomenergie realisiert habe, der irrt sich. Dies wäre eine falsche Einschätzung von dem, was wir in der jetzigen Phase unserer gesellschaftlichen Entwicklung an bürgerschaftlichem Engagement und an Identifikationswünschen beobachten können.

Fünftens lehrt ein Blick in die Geschichte, daß man diese Entwicklung ernstnehmen muß. Als sich nach den STEIN-HARDENBERGschen Reformen ziemlich rasch reaktionäre Tendenzen durchsetzten, ließen diese ein resigniertes preußisches Bürgertum zurück, von dem RAMIN schreibt, daß es sich gänzlich vom politischen Leben abwendete und sich allein Kunst und Wissenschaft widmete. Man ordnete sich „in den von Napoleon okkupierten Gebieten willig dem neuen Herrn unter und diente ihm ebenso desinteressiert wie den alten Dynastien"[18]). Ich möchte nicht mißverstanden werden. Die Betrachtung langfristiger gesellschaftlicher Entwicklungen ist kein Anlaß für Zukunftsängste, aber sie sollte der Anlaß sein, die jetzige Phase der Entwicklung in unserer Gesellschaft, jedenfalls was bürgerschaftliches Engagement und demokratische Identifikationsmöglichkeiten angeht, etwas sorgfältiger zu betrachten als dieses in der öffentlichen Diskussion derzeit der Fall ist.

Es geht hier auch nicht darum, Individualisierung und Zentralisierung über Programme der Dezentralisierung zu vermitteln. Dies hat in hochindustrialisierten Gesellschaften mit einem hohen Potential an Steuerungs- und Kontrollfunktionen auf zentralen Ebenen außerhalb von ernsten Krisenzeiten keine Chance. Worauf es ankommt, ist, jene funktionalen Erlebniswünsche, die heute insbesondere im kommunalen Bereich durch falsch verstandene Zentralisierung und obrigkeitliche Handhabung von Planungsentscheidungen nicht zur Geltung kommen können, nicht ins Leere laufen zu lassen. Mancher Baurat, mancher Parteifunktionär handelt heute noch gelegentlich nach der Devise des preußischen Innenministers GUSTAV VON ROCHOW (15. Januar 1938), der die Bürger von Elbing wissen ließ: „Es ziemt den Unterthanen nicht, die Handlungen des Staatsoberhauptes an den Maßstab seiner beschränkten Einsicht anzulegen und sich in dünkelhaftem Übermut ein öffentliches Urteil über die Rechtmäßigkeit derselben anzumaßen". Mit anderen Worten, der hohe Entwicklungsstand unserer Gesellschaft fordert seinen Preis an Demokratisierung der alltäglichen Lebensbereiche, wobei zu beobachten ist, daß vom mittelständischen Betrieb bis zum Großbetrieb die Teilnahme an den Entscheidungsvorgängen für die einzelnen Menschen heutzutage oft leichter zu erreichen ist, als dies in der kommunalen Demokratie mittlerweile der Fall ist. Die „Beschleunigungsnovelle" bremst die Bürgerbeteiligung erneut, indem sie angebliche „Routineaufgaben" der Verwaltung zur Erledigung überläßt.

Ich habe mit Absicht das Wort Preis verwendet. Denn mir ist durchaus bewußt, daß mehr Bürgerbeteiligung an kommunalen Entscheidungen, mehr Möglichkeiten, für Bürger sich in einzelnen Fragen zu engagieren, nicht nur den kommunalen Berufspolitikern in die Quere kommt, sondern natürlich auch für die kommunale Selbstverwaltung ein ganz erhebliches Mehr an Arbeit bedeutet. Es ist nun aber einmal so, daß das Schicksal einer Demokratie sich auch in der Kommune entscheidet. Wenn im näheren Lebensbereich demokratische Beteiligung zur Realisierung gewonnener Machtmöglichkeiten bzw. gestiegene Ansprüche an die Beteiligung an Entscheidungen sich nicht realisieren können, so wird sich die Aktivität der Bürger sicherlich nicht auf die nächsthöhere Ebene richten, sondern, wie wir es zur Zeit ja auch beobachten können, in privatistischem Rückzug enden oder in der Wir-Perspektive lokaler Bürgerinitiativen. Die Nicht-Ausfüllung des von mir beschriebenen Leerraumes zwischen der Ebene des Einzelnen und den zentralen Kontroll- und Entscheidungsinstanzen hat bei wachsender politischer Apathie, und in bezug auf diese Apathie ist das Beispiel des preußischen Bürgertums vor allem zu verstehen, eine gefährliche Komponente. Wer schließlich den Leerraum ausfüllt, wird *rein zufällig* sein.

---

[18]) RAMIN, E., aaO., S. 11.

Ich bin, wie gesagt, nicht pessimistisch gestimmt. Es lag mir aber daran, einmal mit aller Deutlichkeit darauf hinzuweisen, daß das Problem, in welchem Maße die Kommune als Partner der Raumordnung und Landesplanung agieren kann, nicht nur unter dem Gesichtspunkt des Verhältnisses von zwei verschiedenen Ebenen staatlicher Organisation abgehandelt werden kann. Die Ausgestaltung dieses Verhältnisses ist in eine langfristige Entwicklung eingebunden. Die kommunale Planung in den neugeschaffenen Grenzen ist nicht nur eine Frage des Verhältnisses zu Landesplanung und Raumordnungsinstanzen. Die Lösung der ausstehenden Probleme kann nur mit den sich ändernden Menschen, die in den Gemeinden leben, angegangen werden.

Referat Professor Dr. Arthur Bloch, Dortmund

Aktuelle Berührungspunkte zwischen den Kommunen und der Raumordnung/Landesplanung

Das Bezugsfeld des Themas — der Kontaktbereich von Raumordnung und Landesplanung mit den Kommunen — präsentiert sich in der Praxis mit einem buntscheckigen Erscheinungsbild. Zu dieser Vielfalt tragen unterschiedliche Bedingungen der Teilräume ebenso bei wie differierende Organisationsformen, Instrumente und Verfahren von Raumordnung und Landesplanung in den Bundesländern.

Die Diskussion der letzten Jahre hat bestätigt, daß dieses Erscheinungsbild von verschiedenen Standpunkten aus unterschiedlich wahrgenommen wird. Wir gehen also in das Gespräch über aktuelle Berührungspunkte von Raumordnung/Landesplanung und den Kommunen mit abweichenden Einsichten und Ansichten und werden uns das in Grenzen gegenseitig tolerieren müssen.

Die Absicht des Veranstalters dieser Tagung führt nun über diesen Tatbestand hinaus. Er erstrebt eine Annäherung der Standpunkte in den Problembereichen des thematischen Bezugsfeldes und damit eine Verbesserung auch der Voraussetzungen dafür, daß die Formel „Die Kommune als Partner der Raumordnung und Landesplanung" nicht als Versuch empfunden wird, die tatsächlichen Verhältnisse in der Praxis verdecken zu wollen.

Raumordnung und Landesplanung werden in diesem Zusammenhang — und zwar unabhängig von offenen Definitionsfragen — als der Bereich der übergeordneten und überörtlichen Raumplanung verstanden, in dem anpassungspflichtige Ziele für die Entwicklung der Kommunen bestimmt werden. Dieses Verständnis bezieht die Regionalplanung mit ein als die Stufe der Raumplanung, auf der diese Ziele ihre konkreteste Form erreichen.

Aktuelle Entwicklungsprozesse

Unsere Überlegungen sollten bei dem Versuch ansetzen, in der Vielfalt des Erscheinungsbildes von Raumordnung und Landesplanung in der Praxis einige wesentliche Grundzüge zu bestimmen. Hier kann uns der Tatbestand helfen, daß der Kontaktbereich von Raumordnung/Landesplanung und den Kommunen mit seinen aktuellen Problemen durch Prozesse beeinflußt wird, die je nach teilräumlichen Bedingungen entweder das Bezugsfeld schon prägen oder aber ihre volle Wirkung noch nicht erreichen.

Die Frage nach den aktuellen Berührungspunkten wird damit zur Frage nach den Entwicklungsprozessen, die im Trend den Kontaktbereich von Raumordnung/Landesplanung mit den Kommunen bestimmen. Wir müssen uns im engen zeitlichen Rahmen dieses Referats auf einige der Prozesse konzentrieren.

Drei Prozesse verdienen vor allem unsere Aufmerksamkeit. Das gilt zunächst einmal für die Verwaltungsreform mit dem hier interessierenden Teil der Gebietsneugliederung der Gemeinden. Zwei Punkte sind in diesem Zusammenhang zu beachten:

— Im Rahmen der kommunalen Gebietsreform sind die Gemarkungsflächen und damit die Planungsräume der Gemeinden zum Teil erheblich erweitert worden.

— Eines der weithin proklamierten Ziele dieser Reform war die Stärkung der Planungspotenz der Gemeinden.

Die Frage nach den Konsequenzen der Gebietsreform für Organisation und Verfahren der Raumordnung und Landesplanung gehört in den Themenkreis des nachfolgenden Referats. Hier geht es um Folgerungen für die Zielvorgaben der Raumordnung und Landesplanung.

Die Einschätzung dieser Folgerungen für die Zielvorgaben bestätigt die bereits angedeutete differenzierende Wirkung der unterschiedlichen Standpunkte der Beteiligten. Auf der einen Seite wird argumentiert, die Vergrößerung des Maßstabes der Gemeinden müsse zu einer Maßstabsvergrößerung auch der Zielvorgaben führen. Dagegen wird von anderer Seite eingewandt, Folge der Gebietsreform sei ein stärkeres regionales Gewicht der einzelnen Gemeinden und damit die Notwendigkeit einer intensiveren Einflußnahme von Raumordnung und Landesplanung.

Der zweite Prozeß, der unsere Aufmerksamkeit fordert, wird durch die Tendenzen der Bevölkerungsentwicklung bestimmt. Unübersehbar ist die Diskrepanz zwischen Zielen der übergeordneten Planung und der Bevölkerungsentwicklung. Das gilt für die Tendenzen der natürlichen Entwicklung mit ihren Konsequenzen für die Raumordnungspolitik ebenso wie für die Raumorientierung der Bevölkerung. Unter dem Einfluß beider Entwicklungsvorgänge gewinnen Bevölkerungsrichtwerte an aktueller Fragwürdigkeit.

Der dritte Prozeß, den es zu beachten gilt, prägt den Kontaktbereich von Raumordnung/Landesplanung und den Kommunen zunächst mehr mittelbar. Es geht um die zunehmende Verdichtung des Netzes überörtlicher Fachplanungen und Planungsvorgaben. Dieser Prozeß bestimmt nachfolgend auch das Verhältnis der Kommunen zur übergeordneten Raumplanung mit der Forderung nach intensiverer Koordinierung raumbezogener Planungen und nach Instrumenten, die der Funktion einer ausgleichenden Planung angemessen sind.

Zur Aufgabe von Raumordnung und Landesplanung

Der Ansatz, in der Vielfalt des Erscheinungsbildes von Raumordnung und Landesplanung wesentliche Grundzüge zu bestimmen, muß auch Funktion und Instrumente der übergeordneten Raumplanung in die Überlegungen einbeziehen.

Eine allgemeine Orientierung ermöglicht das Bundesraumordnungsgesetz mit Rahmenbestimmungen, die trotz unterschiedlicher Ausprägung dieses Aufgabenfeldes in der Praxis gemeinhin zu beachten sind. Geht man von den auf Funktion und Instrumente der Raumordnung und Landesplanung bezogenen Rahmenvorschriften des Bundesraumordnungsgesetzes aus, so genügen in der Sache drei Hinweise, um einigen Fehleinschätzungen zu begegnen:

1. Der Auftrag an Raumordnung und Landesplanung ist nicht auf die Aufstellung von Programmen und Plänen beschränkt. Programme und Pläne dienen vielmehr als Instrumente für eine umfassendere Aufgabe, und zwar für die Aufgabe, sicherzustellen, daß eine Raumstruktur erreicht wird, die den Grundsätzen der Raumordnung entspricht. Nur in Verbindung mit dieser Funktion können Programme und Pläne in ihrer jeweiligen Ausprägung zutreffend bewertet werden.

2. Der Inhalt der Programme und Pläne ist nicht in das Belieben der Aufgabenträger gestellt. Das Zielsystem ist vielmehr so weit räumlich und sachlich zu differenzieren, wie es zur Erfüllung des Auftrages an Raumordnung und Landesplanung erforderlich ist.

Aus dieser Sicht ist die Beantwortung der Frage nach dem notwendigen Konkretheitsgrad der Zielvorgaben im Rahmen von Raumordnung und Landesplanung grundsätzlich von den Bedingungen abhängig, die für die Verwirklichung einer Raumstruktur gemäß den Zielen und Grundsätzen der Raumordnung und Landesplanung gegeben sind.

3. Der übergeordneten Raumplanung ist nicht aufgegeben, Planungskompetenzen anderer Aufgabenträger — etwa der Kommunen — für sich in Anspruch zu nehmen. Sie soll fachlichen und örtlichen Aufgabenträgern gegenüber zusammenfassende Planung sein.

Ihre Aufgabe ist, raumwirksame Entscheidungen, Maßnahmen und Planungen öffentlicher Aufgabenträger im überörtlichen Bezug zu einem systematischen Miteinander und damit zu einer bestmöglichen Gesamtwirkung zu führen. Das gilt unabhängig davon, ob Aktivitäten, die der Zielerfüllung dienen können oder ihr entgegenstehen, Aufgabe des Bundes, der Länder oder der Kommunen sind.

Die Nahtstelle zwischen örtlicher und überörtlicher Planung

Diese Funktionen der Raumordnung und Landesplanung spielen eine bemerkenswert nachgeordnete Rolle bei der Diskussion um die Konsequenzen der kommunalen Gebietsreform für die Zielvorgaben der übergeordneten Planung. Die Frage, ob durch die Gebietsreform ein ausreichender Anlaß gegeben ist, im sachlichen und räumlichen Konkretheitsgrad der anpassungspflichtigen Ziele allgemeiner zu bleiben, läßt sich aber nur abklären, wenn Aufgabenstellung und Bedingungen beider Seiten einbezogen und zum Ausgleich gebracht werden.

Ein solcher Ausgleich müßte drei Forderungen genügen:

1. Die Ziele der Raumordnung und Landesplanung sollten so weit konkretisiert werden, daß eine Bewertung der örtlichen Planungen von den überörtlichen Erfordernissen aus hinreichend bestimmte Anhaltspunkte findet.

2. Die abschließende Konkretisierung der anpassungspflichtigen Ziele sollte so ortsnah erfolgen, daß die Erfordernisse auch der örtlichen Gemeinschaften ausreichend berücksichtigt werden können.

3. Die Ziele sollten im Konkretheitsgrad so weit von der örtlichen Planung abgehoben sein, daß den Gemeinden ein ausreichend großer Spielraum bleibt, um Nutzung und Gestaltung des unmittelbaren Lebensraumes der örtlichen Gemeinschaft selbstverantwortlich planen zu können.

Die erste und die dritte dieser Forderungen sind diametral ausgerichtet. Die zweite Forderung verknüpft dagegen ein Erfordernis der Raumordnung und Landesplanung mit einer Forderung aus örtlicher Sicht. Sie bietet deshalb am ehesten die Voraussetzung für eine Annäherung der Standpunkte.

Es gibt ausreichende Belege dafür, daß die erste der drei Forderungen in Flächenländern mit Zielen im Maßstab des Landes nicht ausreichend erfüllt werden kann. Auch die Ansätze, allgemeine Ziele unter Bezug auf Gebietskategorien wie Verdichtungsraum, Ordnungsraum oder ländlicher Raum stärker auf die jeweiligen raumstrukturellen Bedingungen zu beziehen, reichen nicht aus, da die zur Kategoriebildung verwandten Indikatoren die tatsächlichen Verhältnisse der Teilräume nur ungenügend erfassen.

Die notwendige Überwindung der Objektferne läßt sich nur über eine regionale Stufe der Zielfindung erreichen.

Die Planungsaufgabe dieser Stufe wird häufig mißverstanden. Es geht auf der regionalen Stufe der Raumplanung nicht um eine Umsetzung von Zielen für das Landesgebiet in den regionalen Maßstab — und zwar ebensowenig, wie die Bauleitplanung etwa als Umsetzung von Zielen der überörtlichen Planung zu begreifen ist. Auf der regionalen Stufe der übergeordneten Raumplanung ist ein eigenständiger Planungsprozeß gefordert, in dem Elemente, die deduktiv aus der Zielebene des Landes übernommen werden, mit Planungselementen zu verknüpfen sind, die von den teilräumlichen Bedingungen und Entwicklungsprozessen aus bestimmt werden.

Nur so hat eine ausreichend realitätsbezogene Raumplanung eine Chance zur Verwirklichung. Nur so bietet sich aber auch die Möglichkeit, die Erfordernisse der örtlichen Gemeinschaft angemessen bei der Ausformung des Zielsystems von Raumordnung und Landesplanung zu berücksichtigen. Die ortsnahe Konkretisierung der Ziele liegt also im wohlverstandenen Interesse der Gemeinden.

Sachlich hat die kommunale Gebietsreform dieses Gebot, überörtliche und örtliche Erfordernisse der Raumentwicklung in einem Planungsprozeß möglichst ortsnah miteinander zu verbinden und dabei auszugleichen, prinzipiell nicht aufgehoben. Die Vergrößerung der Gemarkungsgebiete hat zwar einen Teil der zuvor grenzüberschreitenden Koordinierungsprobleme reduziert. Sie hat aber nicht den Tatbestand verändert, daß die Gemeinden in einem überörtlichen Leistungsaustausch stark verflochten sind. Im Gegenteil: die überörtlichen Leistungsbeziehungen zeigen zunehmende Tendenzen.

Die Bezugspunkte dieser überörtlichen Leistungsbeziehungen sind nicht die Gemeinden, sondern Teilbereiche oder Einrichtungen innerhalb der Gemarkungsgebiete. Dementsprechend bezieht sich das überörtliche Interesse an der Sicherung und Entwicklung der Leistungspotentiale und damit die überörtliche Raumplanung auf diese Leistungsbereiche und nicht pauschal auf die Gemeinden.

Von da aus ist abzuleiten, daß die Vergrößerung des Maßstabes der Gemeinden keine ausreichende Begründung dafür liefert, die Gemeinden als unteilbare Raumzellen in der überörtlichen Planung zu sehen.

Nun läßt sich ein überörtliches Erfordernis gemeindeinterner Zielvorgaben nicht gleichermaßen für alle Bereiche und Einrichtungen der Kommunen begründen. Aus diesem Grunde wäre eine Planform auf der regionalen Stufe zu erwägen, die nur die Bereiche und Einrichtungen einbezieht, die eindeutig von überörtlicher Bedeutung sind. So wäre denkbar, etwa grenzüberschreitende Bereiche mit überörtlich bedeutsamen Freiraumfunktionen darzustellen, zudem regional und überregional bedeutende Verkehrswege und Leitungsbänder sowie Standorte von öffentlichen Infrastruktureinrichtungen mit überörtlichen Versorgungsbereichen.

Eine solche Planform könnte der Forderung genügen, daß in der überörtlichen Planung nur Zielaussagen enthalten sein dürfen, für die ein überörtliches Erfordernis eindeutig erkennbar ist. Sie könnte jedoch nicht den Auftrag des Gesetzgebers erfüllen, zusammenfassende Planung für raumwirksame Aktivitäten öffentlicher Aufgabenträger zu sein.

Dazu zwei Beispiele. Im Rahmen einer zusammenfassenden Planung im Sinne der Aufgabenstellung des Bundesraumordnungsgesetzes fordert die Darstellung überörtlich bedeutsamer Freiräume die Abgrenzung gegenüber anderen Funktionsbereichen, auch wenn diese sich vorwiegend aus Raumansprüchen der örtlichen Gemeinschaften ergeben. Die Darstellung des angestrebten Standorts einer siedlungsgebundenen Einrichtung mit überörtlicher Bedeutung mag im Rahmen der überörtlichen Planung von der Funktion aus vertretbar sein. Aus der Sicht zusammenfassender Planung gehört diese Standortbestimmung jedoch in den Bereich der städtebaulichen Planung, also der kommunalen Planung.

Die Forderung nach Beschränkung auf solche Zielaussagen, für die ein überörtliches Erfordernis eindeutig belegt werden kann, muß also die Konsequenz einkalkulieren, daß

— die Anforderungen an zusammenfassende Planung so nicht erfüllt,
— örtliche Erfordernisse nicht hinreichend berücksichtigt und
— die Voraussetzungen selbstverantwortlicher städtebaulicher Planung nur unzureichend gewährleistet werden können.

Das wird von den Vertretern dieser Forderung gerade nicht gewollt, wäre aber eine kaum zu vermeidende Konsequenz.

Vielleicht genügen diese Hinweise, um zu verdeutlichen, daß eine zusammenfassende Raumplanung auf überörtlicher Ebene raumdeckende Entwicklungsvorstellungen für die Raumstruktur und einen einheitlichen Konkretisierungsgrad verlangt, der nach der dritten der angesprochenen Forderungen deutlich über dem der örtlichen Planung liegt, der dabei aber auch Aussagen trifft, für die ein überörtliches Erfordernis nur aus dem Wesen zusammenfassender Raumplanung abgeleitet werden kann.

Zum Problemfeld der Bevölkerungsentwicklung

Die Bereitschaft der Kommunen, Ziele der Raumordnung und Landesplanung zu akzeptieren, ist weitgehend davon abhängig, ob die Zielvorgaben die Kommunen begünstigen oder ob die Kommunen Ziele als restriktiv und unrealistisch einschätzen. Zu einem Problembereich dieser zweiten Fallgruppe entwickelt sich die Diskrepanz zwischen den Zielen der Raumordnung und Landesplanung und den tatsächlichen oder den von den Kommunen erwarteten Tendenzen der Bevölkerungsentwicklung.

Dazu einige Stichworte:
— Richtliniensetzende Programme und Pläne gehen zum Teil von Zuwachsraten der Bevölkerung aus, die nach den erkennbaren Entwicklungstendenzen nicht zu erreichen sind.
— Eine siedlungsräumliche Schwerpunktbildung läßt sich in zahlreichen Gemeinden nur durch Reduzierung der für die weitere Siedlungsentwicklung vorgesehenen Flächen erreichen.
— Das Prinzip konzentrierter Entwicklung von Siedlungsschwerpunkten gefährdet bei den Tendenzen der Bevölkerungsentwicklung vor allem in den durch Zusammenschluß gebildeten neuen Gemeinden die angestrebte Integration aller Gemeindeteile.
— In schwachbesiedelten Gebieten erscheint es vielerorts ausgeschlossen, die Bevölkerungsdichte zu halten oder zu erreichen, die eine ausreichende Tragfähigkeit für zeitgemäße Infrastruktureinrichtungen gewährleistet.
— In ländlichen Räumen ist eine erhebliche Diskrepanz zwischen dem Ziel der stärkeren Konzentration auf mittelzentrale Versorgungszentren und der Raumorientierung der Bevölkerung erkennbar.
— Auch in stärker verdichteten Gebieten zeigt die Bevölkerungsverteilung starke dezentrale Entwicklungstendenzen, ohne daß es mit Instrumenten der Raumordnung und Landesplanung gelingt, diesen Prozeß wirksam zu beeinflussen.

Das sind nur einige Stichworte zu dem Problembereich, der sich zwischen Kommunen und übergeordneter Raumplanung im Zusammenhang mit der Bevölkerungsentwicklung ausbildet. Wir werden diesen Problembereich hier nicht angemessen behandeln können. Und doch ist er im Themenkreis „Die Kommune als Partner der Raumordnung und Landesplanung" zu bedeutsam, als daß man ihn ausklammern könnte.

Wissenschaft und Praxis sind gleichermaßen angesprochen, wenn es darum geht, der Lösung der anstehenden Probleme näher zu kommen. Dazu im engen zeitlichen Rahmen dieses Referats nur einige Thesen:
— Die Beschäftigung der Wissenschaft mit diesem Problemkreis sollte die Phase der Analyse der angesprochenen Entwicklungsprozesse verlassen und sich stärker den realisierbaren Strategien für die Lösung der Entwicklungs- und Verteilungsprobleme zuwenden.
— Die öffentlichen Aufgabenträger aller Stufen sollten erkennen und realisieren, daß hier eine Aufgabe vorliegt, die nur im partnerschaftlichen Zusammenwirken befriedigend gelöst werden kann.
— Für den Gesamtbereich der Raumordnungspolitik bleibt zu bedenken, daß mit langfristigen Leitbildern für die Entwicklung der Raumstruktur allein die Grundsätze der Raumordnung nicht verwirklicht werden können.
— Für die Träger der Raumordnung und Landesplanung stellt sich die Forderung, ihr Zielsystem daraufhin zu überprüfen, ob es hinreichend realitätsbezogen allgemeine Planungsprinzipien einsetzt. Erforderlich erscheint insbesondere eine flexible Anwendung des Prinzips der Verdichtung durch Konzentration unter Berücksichtigung der jeweiligen teilräumlichen Bedingungen.

Der angesprochene Problemkreis verlangt noch einige Hinweise zum Stichwort „Bevölkerungsrichtwerte".

Die Erfahrungen, die wohl alle Raumplaner in der Praxis mit Bevölkerungsrichtwerten gemacht haben, läßt die Tendenz verstehen, Richtwerte für die Bevölkerungsentwicklung der Gemeinden entweder überhaupt nicht vorzugeben oder sie doch zumindest als Orientierungswerte nicht in den richtliniensetzenden Teil der Programme und Pläne zu übernehmen.

Bei allem Verständnis für diese Tendenz darf nicht übersehen werden, daß sowohl Flächen- und Bereichsdispositionen als auch Planungen für den Ausbau der Infrastruktur nicht ohne den Bezug auf die für den Planungsraum zu erwartende und angestrebte Bevölkerungsentwicklung auskommen. Das gilt in der überörtlichen Planung verstärkt für die Räume, in denen neben der Größenordnung der Bevölkerung auch die Verteilung der Bevölkerung auf die Siedlungsbereiche eines Raumes von wesentlicher Bedeutung für die Verwirklichung ihrer Ziele ist.

Eine Lösung kann dahin gesucht werden, daß bei Richtwerten für die Bevölkerungsentwicklung die Komponenten „Entwicklungsannahme" und „Ziele" stärker getrennt und in den Vorgaben der übergeordneten Raumplanung unterschiedlich gewertet werden. Die Zielkomponente gehört sachlich in den Zielteil. Sie kann dort auch verbal als Entwicklungs- und Verteilungsprinzip formuliert werden Die Entwicklungsannahmen könnten dann in den erläuternden Teil übernommen und dort entsprechend flexibel für die Geltungsdauer der Programme und Pläne gehandhabt werden. Entscheidend ist, daß die Zielkomponente als Richtlinie weiter zu beachten ist.

Einflüsse und Konsequenzen raumwirksamer Fachplanungen

Zum dritten der hier zu beachtenden Entwicklungsprozesse. Unübersehbar verdichtet sich das Netz überörtlicher Planungen und Planungsvorhaben für raumwirksame Aktivitäten. Unübersehbar ist auch die Reaktion der Gemeinden, die sich durch diese Planungen und richtliniensetzenden Planungsvorgaben in ihrem Planungs- und Handlungsspielraum eingeengt sehen. Sie empfinden sich als Erfüllungsgehilfen staatlicher Stellen und nicht als kommunale Gebietskörperschaften.

Für den Kontaktbereich von Raumordnung/Landesplanung und den Kommunen ergibt sich eine mehrfache Wirkung. Zunächst werden Raumordnung und Landesplanung grundsätzlich in die wachsende Skepsis gegenüber überörtlichen Planungen und Planungsvorgaben einbezogen. Dieser Vorbehalt verstärkt sich gegenüber der übergeordneten zusammenfassenden Planung in dem Maße, in dem diese Planung aufgabengemäß Programme und Pläne auf den sich ausweitenden Bereich der Fachplanungen einstellt. Die Aufgabenträger von Raumordnung und Landesplanung können begründen, daß sie ihr Zielsystem bezogen auf Fachplanungen differenzieren müssen. Sie kommen gegenüber den Kommunen dort aber in eine Argumentationsnot, wo Fachplanungen beim Mangel an eigenen Planungsgrundlagen und Planungsverfahren die überörtliche Raumplanung nutzen, um für ihre Planungen Richtliniencharakter zu gewinnen.

Diese Entwicklung kann für die Beziehungen zwischen Raumordnung/Landesplanung und den Gemeinden zu einer unerwünschten Belastung werden. Wie weit dieser Funktionswandel führen kann, zeigen erste Ansätze dazu, über die Fachplanungsaussagen hinaus auch Instrumente zur Durchsetzung dieser Planungen im Bereich von Raumordnung und Landesplanung zu entwickeln. Die Gemeinden werden dabei zwingend veranlaßt, ihrerseits im Rahmen der Bauleitplanung die weiteren Voraussetzungen zur Realisierung von Fachplanungen zu schaffen. Das Stichwort „Planungsgebot" beschreibt hinreichend den Charakter dieser Instrumente. Ihr Einsatz ist für die Fälle gedacht, in denen die Gemeinden von sich aus nicht bereit sind, die planerischen Voraussetzungen der vorgesehenen Maßnahmen zu erfüllen.

Hier geht es nicht darum, das landespolitische Erfordernis zur Durchführung bestimmter Maßnahmen — etwa im Bereich der Sicherung der Energieversorgung — in Frage zu stellen. Problematisch und damit fragwürdig ist der Weg, diese Aufgabe der übergeordneten zusammenfassenden Planung anzulasten. Die übergeordnete Planung wird verdächtigt, nicht ausgleichend unter Berücksichtigung aller Erfordernisse tätig zu sein, sondern einseitig und unausgewogen Fachplanungen zu verfolgen.

Von ihrer im Bundesraumordnungsgesetz bestimmten Aufgabe aus sollte die zusammenfassende Planung den Kommunen anders begegnen, und zwar in der ihr zugedachten übergreifenden Funktion der vermittelnden Partnerschaft. Aus dieser Sicht empfiehlt sich für die Reaktion von Raumordnung und Landesplanung auf die Verdichtung des Netzes überörtlicher Fachplanungen ein funktionsspezifischer Ansatz.

Raumordnung und Landesplanung sollten in den Darstellungen ihrer Ziele Formen wählen, die sich in Terminologie und Konkretheitsgrad deutlich von den Fachplanungen abheben. Sonst begeben sie sich in die Gefahr, als Fachplanungs-Registrierverwaltung ihr Zielsystem immer dann ändern zu müssen, wenn Fachplanungsträger eine Änderung ihrer Planungsabsichten für geboten halten. Sie sollten sich soweit absetzen, daß sie hier nicht in einen Zugzwang kommen, aber doch die Ziele vorgeben, die zur Bewertung von Fachplanungen aus der Sicht der Raumordnung und Landesplanung hinreichend bestimmte Ansatzpunkte bieten.

In diesem Zusammenhang ist auch die Frage zu prüfen, ob die tradierten Ziele für die Koordinierung der Fachplanungen noch ausreichen, um ihre Funktionen zu erfüllen. Das gilt beispielhaft für den Bereich der siedlungsgebundenen öffentlichen Infrastruktur. Im Zuge der angesprochenen Entwicklung gliedern die Fachressorts ihre Versorgungssysteme nach neuen Kriterien und in veränderten Stufen. Raumordnung und Landesplanung haben Anlaß zu prüfen, ob ihr zentralörtliches Gliederungssystem noch ausreicht, um den Standortentscheidungen der verschiedenen Ressorts die erforderlichen Orientierungshinweise zu vermitteln.

Dieser Aufgabenkomplex der Koordinierung siedlungsstrukturell wichtiger Planungen und Maßnahmen der Fachressorts bietet eine Fülle von Beispielen für die Anforderungen, die sich der Raumordnung und Landesplanung im Spannungsfeld mit den Kommunen bei zunehmender Verdichtung des Netzes von Fachplanungen und richtliniensetzenden Planungsvorgaben stellen.

Schlußbemerkung

Der knappe zeitliche Rahmen des Referats erlaubte es nur, die Entwicklungsprozesse, die im Bezugsfeld der Kommunen mit Raumordnung und Landesplanung zu aktuellen Problemen führen, mit ihren Konsequenzen sehr allgemein anzusprechen. Die Diskussion wird die Möglichkeit bieten, Probleme und Problemlösungen intensiver zu erörtern.

Es gibt hinreichend Gründe, in den angesprochenen Sachbereichen partnerschaftlich nach Lösungen zu suchen und Lösungen nicht durch falschverstandenes Kompetenzdenken zu blockieren. Kompetenzen sind wichtig und beachtenswert. Nur fordern die engen sachlichen Verknüpfungen der Aufgabenbereiche des hier interessierenden Bezugsfeldes, die transitive Bedeutung des lateinischen „competere" wieder bewußt zu machen. In der transitiven Form bedeutete „competere": etwas zusammen erstreben.

Den Menschen, denen die Arbeit öffentlicher Aufgabenträger dienen soll, ist mit der Wahrnehmung von Kompetenzen in diesem Sinne sicher am besten gedient.

Referat Ministerialdirigent Dr. Werner Buchner, München

Stellenwert und Wirkungsmöglichkeiten der Kommunen in der Raumordnung und Landesplanung

Professor LENDI hat heute im Rahmen seines Grußwortes aus seinem Büchlein „Sprüche und Widersprüche zur Planung — Zitatenschatz für Planer und Verplante — " einige Aussprüche wiedergegeben, die uns Fachleute von Raumordnung und Landesplanung nachdenklich stimmen sollen. Er hat aber, wenn ich das richtig sehe, und ich kenne das Büchlein selbst sehr gut, eine einseitige Auswahl aus den Zitaten getroffen. Ich erinnere mich an eine Vielzahl von Aussagen in dem Büchlein, die unsere Aufgabenstellung stützen und die uns Mut machen. Ich nenne nur die Aussage von KARL FRIEDRICH VON WEIZSÄCKER: „Den Raum, in dem Freiheit möglich ist, müssen wir planen." Ich erwähne das Zitat von GIRARDIN: „Regieren, d.h. vorausschauen", und ich darf besonders gerne einen Ausspruch von WALTER RATHENAU wiedergeben, der lautet: „Regieren hieß vor 100 Jahren verwalten; das ist: eine meinungslose und bildungslose Menge mit oder gegen ihren Willen befriedigen, schlichten, lenken, erziehen und schützen. Heute heißt Regieren: Gesetze durchführen, *Ziele schaffen* und Geschäfte machen." Und wenn ich ebenfalls KONFUZIUS bemühen darf, so kann ich aus dem Büchlein zitieren: „Wer das Morgen nicht bedenkt, wird Kummer haben, bevor das Heute zu Ende geht." Bezogen auf das heutige Thema unserer Tagung muß ich auf einen morgenländischen Spruch aus dem Büchlein von Herrn Professor LENDI hinweisen, der besagt: „Wenn das Herz den Plan beschlossen und das Wort ihn offenbart hat, muß die *Tat* ihn auch vollführen." Daraus ergibt sich, daß wir „Planer" nicht nur die Aufgabe haben, Ziele aufzustellen, sondern vor allem auch die Verpflichtung, darauf hinzuwirken, daß unsere Zielvorstellungen verwirklicht, in die Tat umgesetzt werden. Dazu brauchen wir Partner. Ich nehme deshalb die heutige Wissenschaftliche Plenarsitzung der Akademie für Raumforschung und Landesplanung gerne zum Anlaß, mich aus *der Sicht der Verwaltungspraxis* mit grundsätzlichen Fragen des Verhältnisses der Kommunen zur Raumordnung und Landesplanung auseinanderzusetzen. Als ein Vertreter der obersten Landesplanungsbehörde des gastgebenden Landes darf ich vorweg um Ihr Verständnis dafür bitten, daß ich mich bei meinen Ausführungen in erster Linie auf Beispiele aus der bayerischen Praxis beziehe.

Ich freue mich, daß die Akademie für Raumforschung und Landesplanung für die diesjährige Plenarsitzung das Generalthema „Die Kommunen als *Partner* der Raumordnung und Landesplanung" gewählt hat.

Der *Partnerschaftsgedanke* ist in Staat und Gesellschaft insgesamt besonders aktuell, weil Vorstellungen von Hierarchie und Konfrontation mehr denn je überdeckt werden durch Erwägungen etwa im Zusammenhang mit Teilhabe, Demokratisierung und Entstaatlichung. Das Verhältnis von Staat und Kommunen ist besonders aktuell, weil mit der Gebietsreform die kommunalen Partner des Staates einen z.T. erheblich anderen räumlichen Zuschnitt erhalten haben und zusammen mit einer neugestalteten Verwaltungskraft ein größeres Gewicht aufweisen. In Bayern ist die Frage von Staat und Kommunen besonders aktuell, weil hier mehr als anderswo die Kommunen an der Landesentwicklung beteiligt sind.

Für die Landesentwicklung hat der Partnerschaftsgedanke eine größere Bedeutung als für andere Bereiche des Verwaltungshandelns. Die Notwendigkeit der sogenannten „planenden Verwaltung im Vorfeld der Eingriffs- und Leistungsverwaltung" wird im Zwischenbericht der Enquete-Kommission für Fragen der Verfassungsreform in Anlehnung an gefestigte Meinungen damit begründet, daß „die Erfüllung der öffentlichen Aufgaben vom Staat gegenwärtig und zukünftig in starkem Maß eine Orientierung an mittel- und längerfristigen Planungen und Programmen, eine intensive Abstimmung und Koordination der verschiedenen Ressortaufgaben sowie eine verstärkte Kooperation der verschiedenen Entscheidungsträger im bundesstaatlichen System erfordert." Damit ist die Aufgabe der Planung stark mit dem Koordinierungsgedanken gekoppelt, und zwar aus der Sicht einer sowohl horizontalen wie auch vertikalen Abstimmung. Beides geht nicht ohne Formen partnerschaftlichen Zusammenwirkens. Horizontal gesehen würde sonst die Raumordnung und Landesplanung am Ressortprinzip scheitern, vertikal am Selbstverwaltungsprinzip und an der eigenständigen Bedeutung der pluralistischen Kräfte. Die Partnerschaft ist notwendig für die *Aufstellung von Zielen* in Programmen und Plänen, für die *Beurteilung von Einzelmaßnahmen* anhand dieser Ziele in Raumordnungsverfahren oder auf andere Weise und vor allem bei der *Verwirklichung der Ziele*. Im Raumordnungsgesetz und in den Landesplanungsgesetzen der Bundesländer ist diese Partnerschaft in den verschiedenen Teilhabeformen institutionalisiert, mit den Planungsbeiräten, den Anhörungsverfahren bei der Aufstellung und Fortschreibung von Programmen und Plänen, der überwiegend verbandsmäßigen Ausgestaltung der Regionalplanung und der Beteiligung der öffentlichen und sonstigen Planungsträger bei Raumordnungsverfahren. In der Landesentwicklung wurde also schon vom Gesetzgeber bewußt nicht der Weg einer Zuordnung oder gar einer Über- und Unterordnung gewählt, sondern der einer Partnerschaft, um die Sachkenntnis und die Problemnähe der verschiedensten Beteiligten einzubeziehen und auch um sicherzustellen, daß die Planungen vom Gestaltungswillen der Betroffenen getragen sind und deshalb bei der Realisierung auch angenommen werden.

Bei den Partnern der Landesplanung handelt es sich um sehr unterschiedliche und vielfältige Träger von Planungen und Maßnahmen. So zählen dazu die Fachressorts und die ihnen nachgeordneten Fachbehörden, die in Beiträgen ihre fachlichen Vorstellungen in die überörtliche, raumbezogene Planung mit einbringen und die auch bei der Verbindlicherklärung mitwirken. Andere wichtige Partner sind z.B. die Kammern, wie die Industrie- und Handelskammern, die Handwerkskammern und die berufsständischen Vertretungen wie etwa der Bauernverband. Ganz lgemein wirken die wesentlichen Träger des wirtschaftlichen, sozialen, kulturellen und kirchlichen Lebens jedenfalls über die Planungsbeiräte an den Entscheidungen der Landesentwicklung mit.

Besonders wichtige Partner der Landesplanung sind jedoch die Kommunen. Sie haben schon als solche einen hohen *Stellenwert* in der öffentlichen Verwaltung, weisen von der Aufgabenstellung her besondere Bezugspunkte zur Landesentwicklung auf und haben dementsprechend die stärksten Mitwirkungsrechte für Raumordnungs-, Landes- und Regionalplanung eingeräumt bekommen. Ihr Stellenwert allgemein ergibt sich aus der verfassungsrechtlich verankerten Selbstverwaltungsgarantie, aus den weitreichenden Zuständigkeiten, aus der Verwaltungskraft der einzelnen Kommunen und ihrer Gesamtheit sowie aus der Bedeutung der kommunalen Mandatsträger im politischen Gefüge. Die besonderen Bezugspunkte zur Landesentwicklung zeigen sich in folgendem: Im Gegensatz zu den Personalkörperschaften sind die Kommunen *Gebiets*körperschaften. Sie sind dem Staatsgefüge eingegliederte Selbstverwaltungskörper, die ein bestimmtes, räumlich abgegrenztes Gebiet umfassen und über seine Bevölkerung nach Maßgabe des Gesetzes eine unmittelbare öffentlich-rechtliche Gewalt ausüben. Schon insoweit ergeben sich für die Landesentwicklung, die es ja auch mit der Beurteilung von Teilräumen zu tun hat, naturgemäß mit den Kommunen die stärksten Berührungspunkte. Die Kommunen sind aber auch Körperschaften mit einem vielfältigen Fächer von Zuständigkeiten. Deshalb wird bei Gemeinden verschiedentlich von Körperschaften mit Allzuständigkeit gesprochen, und auch bei den Landkreisen zeigt sich eine deutliche Bündelung von Verwaltungsaufgaben. Dabei ist lediglich zu bedenken, daß die Landkreise, wenn man den Wortlaut und den Sinn von Art. 28 Abs. 2 GG und Art. 11 bzw. 83 der bayerischen Verfassung richtig sieht, nicht ganz die verfassungspolitische Bedeutung haben, wie die Gemeinden. Die Kommunen erfüllen in ihrem Verwaltungsraum also *Querschnittsaufgaben* ähnlich wie die Landesentwicklung *überfachliche* Aufgaben zu betreuen hat. Damit wird auch verständlich, daß sich die Landesplanung aus der Städteplanung heraus entwickelt hat und die ersten landesplanerischen Bestrebungen überwiegend von den Kommunen getragen wurden. Die Kommunen sind aber auch aus einem dritten Grund die wichtigsten Partner bei der Landesentwicklung: Sie sind die öffentlichen Planungs- und Maßnahmeträger, an die sich sehr viele der Ziele von Raumordnung und Landesplanung richten und von denen solche Ziele in die Wirklichkeit umgesetzt werden müssen. Das gilt insbesondere für die

Schaffung und den Unterhalt verschiedenster Einrichtungen der öffentlichen Infrastruktur sowie für die Ausweisung von Flächen für raumbedeutsame Vorhaben.

Dem hohen Stellenwert der Kommune in der Landesentwicklung entsprechen die ihnen eingeräumten *Mitwirkungsmöglichkeiten* auf den verschiedenen Ebenen und in den entsprechenden Verfahren. Schon bei der staatlichen Normgebung im Planungsrecht werden die Kommunen in der Form beteiligt, daß den kommunalen Spitzenverbänden, die ihrerseits als Körperschaften des öffentlichen Rechts organisiert sind, Vorlagen zur Stellungnahme zugeleitet werden, wenn wesentliche Belange der kommunalen Selbstverwaltung berührt werden.

Bei der Aufstellung des *Landesentwicklungsprogramms* und anderer landesweiter Pläne sind nach § 5 Abs. 2 Satz 2 ROG die Gemeinden und Gemeindeverbände, für die durch die Programme und Pläne auf Landesebene eine Anpassungspflicht begründet wird, oder deren Zusammenschlüsse zu beteiligen. Diese Bestimmung ist mittelbar ein Ausfluß des Selbstverwaltungsrechts der kommunalen Gebietskörperschaften. Die Konkretisierung des kommunalen Beteiligungsrechts überläßt das Raumordnungsgesetz dem Land. Nach bayerischem Recht sieht diese Form kommunaler Teilhabe folgendermaßen aus: Das Landesentwicklungsprogramm ist den kommunalen Spitzenverbänden und den Gemeinden, Landkreisen und Bezirken, für die eine unmittelbare Anpassungspflicht begründet wird, zur Stellungnahme bekanntzugeben. Die kommunalen Spitzenverbände sind in jedem Fall, ohne Rücksicht auf Art, Bedeutung oder Betroffenheit, zu beteiligen. Zum Landesentwicklungsprogramm sollen die Gebietskörperschaften Stellung nehmen, für die durch die Ziele des Landesentwicklungsprogramms eine unmittelbare Anpassungspflicht begründet wird. Im Hinblick auf den umfassenden Inhalt des Landesentwicklungsprogramms werden solche unmittelbaren Anpassungspflichten für die Gebietskörperschaften stets anzunehmen sein, so daß eine Beteiligung aller Gebietskörperschaften regelmäßig in Betracht kommt.

Die Beteiligung der zahlreichen kommunalen Gebietskörperschaften wird in Bayern über die regionalen Planungsverbände abgewickelt. Die Mitwirkungsmöglichkeiten müssen umso unmittelbarer und intensiver sein, je stärker die Berührungspunkte der Kommunen mit der Landesentwicklung sind. Während landesweite Planungen ein verhältnismäßig grobes Raster darstellen, weisen Planungen für Teilräume eines Landes einen starken Bezug zur sogenannten Orts- und Sachnähe auf. Das gilt für die Verwirklichung von Maßnahmen ebenso wie für die Umsetzung überörtlicher Vorstellungen in die Bauleitplanung. Demzufolge ist es richtig, wenn sich die Teilhabemöglichkeiten der Kommunen auf der Ebene der Regionalplanung zu echten Mitwirkungsrechten verdichten. Nicht von ungefähr gilt ja in der raumbezogenen Planung der Grundsatz der „umgekehrten Hierarchie", wonach die Bedeutung der Planung von oben nach unten *zunimmt*. Schon deshalb ist es gerechtfertigt, eine gewisse „Kommunalisierung" der an sich staatlichen Aufgabe der Regionalplanung zu vertreten. In Bayern ist dementsprechend die Regionalplanung den regionalen Planungsverbänden übertragen worden, in denen alle im Gebiet einer Region befindlichen Gemeinden, Landkreise und kreisfreien Städte Mitglieder sind. Die Verbände erfüllen diese Aufgabe im übertragenen Wirkungskreis und haben dabei die vom Staat gesetzten Planungsziele zu beachten.

In den anderen Bundesländern können im wesentlichen folgende Formen von Alternativen zum bayerischen Modell festgestellt werden, wenn man von der Niedersächsischen Besonderheit einer Regionalplanung auf Kreisebene absieht: Da ist einmal die rein staatliche Regionalplanung zu nennen. Diese Form sollte in einem großen Flächenstaat wie Bayern und in einem Staat, der der Institution der kommunalen Selbstverwaltung und den überschaubaren Strukturen größte Bedeutung beimißt, wohl nicht in Erwägung gezogen werden. In anderen Bundesländern liegt die Regionalplanung entweder in der Hand eines gewählten Regionalparlaments, oder es werden aus der Vielzahl von Kommunen nur einige an der Regionalplanung beteiligt. Die Form des Regionalparlaments schafft ein eigenes Gewicht sowohl gegenüber dem Landesparlament als auch gegenüber den Kommunen und scheint uns deshalb nicht unproblematisch. Die Heraushebung nur eines Teils der Gemeinden und ihre Beteiligung an der Regionalplanung leistet dem Gedanken Vorschub, daß es Gemeinden *erster und zweiter* Ordnung gäbe. Dieser Ländervergleich zeigt, daß die bayerische

Form der Regionalplanung am stärksten auf Partnerschaft zwischen Staat und Kommunen angelegt ist.

Aus Anlaß des heutigen Referates von Herrn Professor SCHMITT GLAESER darf ich Folgendes ergänzend bemerken: Ich sehe eine Reihe von gravierenden Argumenten, die gegen den Vorschlag sprechen, die Region in zwei Planungsebenen aufzuteilen, nämlich entsprechend dem Verwaltungsaufbau in eine Kreis- und in eine Bezirksplanung. Dem Vorschlag liegt zunächst das grundsätzliche Mißverständnis zugrunde, das darin liegt, daß Planungsbehörden und Planungsebenen funktional zu unterscheiden sind. Der Minister, der Regierungspräsident und der Landrat sind Chefs von Planungsbehörden, nämlich der obersten, der höheren bzw. oberen und der unteren Landesplanungsbehörde. Gleichwohl sind ihre drei Behörden nicht dazu berufen, Zielvorstellungen aufzustellen. Die Planungsbehörden haben vielmehr die Aufgabe, das Verhalten der öffentlichen Hand und sonstiger Beteiligter daraufhin zu überprüfen, ob es den Grundsätzen und Zielen von Raumordnung, Landes- und Regionalplanung entspricht. Eine Änderung des Planungsrechts dergestalt, daß statt der beiden Planungsebenen Land und Region nunmehr drei Planungsebenen tätig würden, kann auch nicht mit dem Vorschlag vereinbar sein, den Professor SCHMITT GLAESER selbst gebracht hat, nämlich auf Planungsfeinheit zu verzichten. Eine Erhöhung der Zahl der Planungsebenen müßte sicherlich, wenn nicht jede Ebene gleiche oder ähnliche Zielaussagen treffen möchte, zu zusätzlichen Zielaussagen führen. Dazu kommt, daß die raumbezogene Planung eine Staatsaufgabe ist und daß es nicht angeht, bei einer Übertragung dieser Staatsaufgabe nur eine Art von Kommunen, nämlich den Landkreis, zu bedenken, eine zweite, nämlich die Gemeinde, dagegen nicht. Das würde auch das Kräftegleichgewicht zwischen den einzelnen Arten von Kommunen deutlich verschieben. Vor allem aber steht dem Vorschlag eine fachliche Erwägung entgegen, die darin liegt, daß eine echte Planungsebene, die sich mit überörtlichen Zusammenhängen sozio-ökonomischer Art befassen soll, nicht zu kleinräumig angelegt sein darf. Auch nach der Gebietsreform sind die Landkreise, jedenfalls in Bayern und in vergleichbaren Ländern, noch lange nicht groß genug, als daß ihr Zuschnitt den Aufgaben einer solchen Planungsebene gerecht werden könnte. Ich kann mir z.B. nicht vorstellen, wie eine Zuordnung zu Oberzentren und ihren Oberbereichen sowie zu wesentlichen Funktionen einer der überregionalen Entwicklungsachsen aus der Sicht einer statt auf die Region auf einen Landkreis bezogenen Planungsebene bewältigt werden soll. Bundesweit sehe ich eine weitere Gefahr: In den Gremien der Ministerkonferenz für Raumordnung ist es nach vielen Mühen gelungen, den Bund davon zu überzeugen, daß bei der Fortschreibung des Bundesraumordnungsprogramms statt der bisherigen Gebietseinheiten die Planungsregionen der Länder bzw. die Oberbereiche der Oberzentren zugrunde gelegt werden. Dieser gute Ansatz würde unmöglich gemacht, wenn nun in den Ländern extrem kleine Planungsräume, wie die Landkreise oder deutlich zu große, wie die Regierungsbezirke, für die mittlere Planungsebene zugrunde gelegt würden. Unter den Fachleuten der raumbezogenen Planung sollte deshalb kein Zweifel daran aufkommen, daß es nicht sinnvoll erscheint, längst überholte Diskussionen wieder aufleben zu lassen.

Die bayerische Konzeption der regionalen Planungsverbände unter Mitwirkung aller Gemeinden und Landkreise ist allerdings in der Praxis auch nicht gerade leicht zu handhaben. Schon rein formal gibt es erhebliche Probleme bei der Willensbildung innerhalb der Verbandsorgane sowie beim Verfahren zur Aufstellung und Verbindlicherklärung der Regionalplanung. Im Rahmen einer Novellierung des Landesplanungsgesetzes wollen wir dazu deutliche Vereinfachungen und Verbesserungen erzielen. Noch wichtiger ist es, das Bewußtsein der kommunalen Mandatsträger für die regionalen Probleme zu schärfen. Partnerschaft muß eben auch gelernt sein. Sie stellt hohe Anforderungen an alle Beteiligten. Das bayerische Modell der Regionalplanung gesteht den Kommunen nicht nur das Recht auf Teilhabe an den Entscheidungen zu, sondern es fordert auch die Bereitschaft zum Kompromiß, zum Interessenausgleich und zum Opfer, wenn es z.B. darum geht, Standorte und Trassen für Entsorgungsanlagen oder Verkehrsmaßnahmen festzulegen. Partnerschaft verlangt nicht nur Verständnis des Staates für die Kommunen, sondern auch die Bereitschaft der Kommunen gegenüber dem Staat, an der Erfüllung der regionalplanerischen Aufgaben konstruktiv mitzuwirken, wenn nötig unter Hintanstellung auch eigener Interessen.

Die Regionalplanung hat die Aufgabe, die landesweiten, weitmaschigen Zielvorstellungen auf der Regionsebene zu konkretisieren sowie fachliche Planungen zu koordinieren und sie einem regionalen Leitbild der räumlichen Ordnung und Entwicklung unterzuordnen. Das erfordert ein kräftiges Regionsbewußtsein. Ein Hearing im bayerischen Landtag im vergangenen Jahr hat bestätigt, daß ein solches Bewußtsein im Wachsen ist. Dabei kommt zugute, daß bei der Einteilung Bayerns in Regionen versucht wurde, nicht nur planungstheoretische „sozio-ökonomische Gesichtspunkte" anzuwenden, sondern vor allem herkömmliche, gewachsene Strukturen, wie sie in den Regionsnamen Oberland, Donau-Wald, Main-Rhön oder Allgäu zum Ausdruck kommen, wieder zu beleben.

Die Erarbeitung eines Regionalkonzepts hängt eng mit dem sogenannten Gegenstromprinzip zusammen. Dieses Prinzip, das einen ausdrücklichen Niederschlag im Raumordnungsrecht gefunden hat, besagt, daß sich zwar einerseits die örtliche Planung in die überörtliche Planung einzufügen hat, daß aber andererseits im Rahmen der überörtlichen Planung auf die vorhandenen örtlichen Strukturen und Entwicklungen gebührend Rücksicht zu nehmen ist, d.h., daß die in den Gemeinden und Landkreisen gegebene räumliche Situation und die bereits eingeleiteten Entwicklungen als wesentliche Planungsgrundlagen bei der überörtlichen Planung zu berücksichtigen sind. Aus dem Gegenstromprinzip folgt dabei, daß eigene Entwicklungen in den einzelnen Teilräumen zugunsten einer positiven Gesamtentwicklung zu fördern sind. Regionalplanung ist also notwendig, um örtliche und überörtliche Vorstellungen in Einklang zu bringen und für eine gewisse Arbeitsteilung im Raum zu sorgen. Die Regionalplanung hat also wesentlich wichtigere Funktionen als die der Bindung oder Selbstbindung der Kommunen. Aber auch die Bindungswirkung, die durch den Regionalplan für die Kommunen entsteht, muß sehr differenziert gesehen werden. So spielt der Gesichtspunkt der *rechtlichen* Bindung, der Anpassungspflicht, umso weniger eine Rolle, je stärker die bindenden Ziele auf einem *Konsens* beruhen und nicht aufgezwungen sind. Bei Zielen, die von den Kommunen selbst initiiert wurden, steht nicht so sehr die Bindung der Kommunen an den Regionalplan und seine Ziele im Vordergrund, sondern die Bindung der staatlichen Stellen insgesamt im Interesse der Kommunen. Damit ist den Kommunen die Chance gegeben, über die Regionalplanung den staatlichen Behörden gewisse Vorgaben zu machen, aber auch den Partnern in Wirtschaft und Gesellschaft das Bild der Region vorzuzeichnen, das als Grundlage für ein abgestimmtes Verhalten aller öffentlichen und privaten Beteiligten in schwieriger Zeit dienen kann.

Die Regionalplanung darf die Möglichkeiten der Kommunen nicht einschränken, und sie tut dies auch nicht. Im Gegenteil: Sie erweitert den Wirkungsbereich der Kommunen. Durch die Mitwirkungsmöglichkeiten in der Regionalplanung wird jede Kommune in die Lage versetzt, an der räumlichen Ordnung und Entwicklung von Gebieten außerhalb ihrer eigenen Grenzen mitzuwirken. Durch die Komplexität unserer Technik, durch den Trend zu immer größeren wirtschaftlichen Einheiten, werden immer mehr Aufgaben nicht mehr im örtlichen Bereich, sondern im großräumigen Verbund gelöst, wie z.B. bei der Abfallbeseitigung. Hier schafft die Regionalplanung den Kommunen Mitwirkungsmöglichkeiten, die ohne sie nicht oder weniger effektiv gegeben wären. Ähnliches gilt für das Siedlungswesen im Stadt-Umland-Bereich. Den Kommunen werden über die Regionalplanung Mitspracherechte eingeräumt, die weit über das hinausgehen, was den Kommunen durch das Bundesbaugesetz an eigenverantwortlichen Entscheidungsmöglichkeiten gegeben ist. Die Regionalplanung erweitert also den Wirkungsbereich der Kommunen in *räumlicher* Hinsicht. Sie gibt aber auch *fachlich* zusätzliche Einflußmöglichkeiten. Über die Aufgabe der Regionalplanung, fachliche Planungen zu koordinieren und sie dem regionalen Leitbild der räumlichen Ordnung und Entwicklung unterzuordnen, haben die Kommunen die Möglichkeit, Einfluß auf die staatliche Fachplanung zu nehmen. Die staatliche Fachplanung ist zumeist nicht demokratisiert, ist keinen Teilhabeformen zugänglich gemacht worden. Die Regionalplanung aber schafft die Möglichkeit, die Fachplanung mittelbar in einen Mitwirkungsprozeß einzubeziehen. Den Kommunen kommt als Mitgliedern der Organe der regionalen Planungsverbände insoweit eine große Verantwortung deshalb zu, weil bei der Verbindlicherklärung des Regionalplans durch den Staat die Festlegung im Detail nicht überprüft wird. Wenn man es mit der Übertragung der an sich staatlichen Aufgabe der Regionalplanung auf verbandsmäßig organisierte Strukturen ernst nimmt, so muß auch der Prüfungsumfang bei der Verbindlicherklärung eingeschränkt verstanden werden. Die Aufstellung eines Regionalplans verlangt einen sehr schwierigen und vielfältigen innerregionalen Gesamtkonsens. Es kann nicht Aufgabe des Staates sein, bei der Verbindlicherklärung in diesen Konsens einzugreifen, wenn der Regionalplan insgesamt landesweiten Vorstellungen entspricht und wenn er keine Zielvorstellungen enthält, die dem öffentlichen Recht und den Erfordernissen der Raumordnung entgegenlaufen. Einschränkung des Prüfungsumfangs, vergleichbar etwa dem Vorgehen bei der staatlichen Genehmigung kommunaler Verordnungen, bürdet also den Verbänden und damit den in ihnen wirkenden Kommunen eine große Verantwortung auf, gibt ihnen aber auch die Möglichkeit, aus der eigenen Sicht Interessenvertretung gegenüber dem Land insgesamt und gegenüber anderen Regionen zu betreiben.

Die sachlichen und verfahrensmäßigen Wechselwirkungen zwischen Regionalplanung und kommunaler Selbstverwaltung haben eine besondere Bedeutung für Inhalt und Umfang der Regionalpläne. Vor allem im Interesse der kommunalen Selbstverwaltung ist eine maßvolle Beschränkung auf die wesentlichen Aussagen über die anzustrebende Entwicklung der Region im Regionalplan nötig. Eine zu große Zieldichte und Darstellungsschärfe engt nicht nur den Planungsspielraum der kommunalen Gebietskörperschaften ein; sie kann auch zu einer Planungsverdrossenheit führen und dadurch insgesamt die Bereitwilligkeit, Ziele in Regionalplänen aufzustellen und zu verwirklichen, beeinträchtigen. Bei der Aufstellung des Regionalplans sollte deshalb bewußt auf solche Aussagen verzichtet werden, die zu einer zu großen Planungsdichte und Planungsschärfe führen.

Dazu ist es bezüglich der *Planungsdichte* notwendig, daß

— nur wesentliche, überörtliche, raumbedeutsame Aussagen in den Regionalplan aufgenommen werden,
— sich nur Perspektiven und keine Vollzugsvorschriften im Regionalplan befinden,
— Ziele, bei denen noch Unsicherheiten bestehen, nicht verbindlich festgelegt werden,
— Aussagen, die nicht unbedingt Zielcharakter haben müssen, in die Begründung verwiesen werden.

Staat und Kommunen brauchen keine Planungswälzer, sondern überschaubare, handhabbare, konsensfähige und realistische Arbeitsgrundlagen für die öffentliche Verwaltung und andere Beteiligte. Was die *Planungsschärfe* anlangt, so werden neben übergemeindlichen und gemeindescharfen Abgrenzungen parzellenscharfe Festlegungen im Regionalplan grundsätzlich nicht zulässig sein und gebietsscharfe Festlegungen nur in wenigen allerdings bedeutsamen Bereichen, wie etwa bei Aussagen zum Siedlungs- und Versorgungskern, in Frage kommen. Überzogene Planungsschärfe vermindert die Konsensfähigkeit und beeinträchtigt das Selbstverwaltungsrecht der Kommunen.

Die Erwägung von Herrn Professor SCHMITT GLAESER, daß im Hinblick auf die Gebietsreform raumordnerische Zielaussagen, die in den Bereich der Gemeinde hineinwirken, nicht mehr denkbar seien, erscheint mir nicht verständlich. Jedenfalls in den Bundesländern, in denen sehr großräumige Gemeinden geschaffen worden sind, muß aus landesplanerischer Sicht der Begriff des Örtlichen und Überörtlichen sicherlich neu definiert werden. Er kann womöglich nicht mehr im Zusammenhang mit Kommunalgrenzen gesehen werden. Deshalb gibt es ja auch in Nordrhein-Westfalen beispielsweise schon Fälle, in denen innerhalb einer Gemeinde mehrere zentrale Orte definiert sind.

Je geringer aber die Planungsschärfe der Regionalplanung ist, umso verantwortungsbewußter müssen die Kommunen an die Umsetzung in die innerörtliche Planung herangehen. Die Anpassungspflicht muß dann, auch wenn ein Planungsgebot für die Kommune nicht besteht, sachgerecht und aus Partnerschaft gegenüber dem Staat erfüllt werden. Partnerschaft ist eben auch hier keine Einbahnstraße.

Die Beschränkung des Inhalts der Regionalpläne auf rahmensetzende Ziele wird dadurch erleichtert, daß zur Abstimmung einzelner raumbedeutsamer Vorhaben mit den Erfordernissen der Raumordnung in den meisten Flächenstaaten das Instrument des Raumordnungsverfahrens zur Verfügung steht. Die Landesplanungsbehörden können diesem Koordinierungsauftrag ebenfalls nur in Partnerschaft mit den Kommunen voll gerecht werden. Deshalb sollen im Raumordnungsverfahren alle von dem Vorhaben berührten öffentlichen Planungsträger beteiligt werden. Die betroffenen Gemeinden und die Kreisverwaltungsbehörden sind wegen ihres umfassenden räumlichen und sachlichen Aufgabenbereiches an jedem Raumordnungsverfahren zu beteiligen. Soweit ihr Aufgabenbereich von dem Vorhaben berührt wird, kommen auch andere kommunale Gebietskörperschaften, wie Landkreise und Bezirke sowie die Träger der Regionalplanung, die regionalen Planungsverbände, als Beteiligte in Betracht. Die Kommunen können die Beteiligung aufgrund ihrer personellen und sächlichen Mittel und Erfahrungen besonders nutzen. So ist es nicht verwunderlich, das das Ergebnis eines Raumordnungsverfahrens — die landesplanerische Beurteilung — vielfach sehr nachhaltig von den Stellungnahmen der Kommunen geprägt ist und wesentliche Maßgaben in der landesplanerischen Beurteilung nicht zuletzt auf die Kommunen zurückzuführen sind.

Im Zusammenhang mit dem Raumordnungsverfahren möchte ich darauf hinweisen, daß die sich verstärkenden Tendenzen zur Bürgerbeteiligung die Gemeinden in noch stärkerem Maße als bisher zu unentbehrlichen Partnern der Landesplanungsbehörden werden lassen. Erst in jüngster Zeit hat z.B. der Bundesminister für Verkehr in einem Rundschreiben die Bürgerbeteiligung bereits im Vorfeld der Linienbestimmung für Bundesfernstraßen vorgesehen. Wenn eine Bürgerbeteiligung als zweckmäßig und notwendig angesehen wird, dann gehört sie nicht in das jeweilige fachliche Genehmigungsverfahren, sondern in das Raumordnungsverfahren. Das Raumordnungsverfahren ist vor allem deshalb besonders geeignet,

— weil in diesem Verfahren eine umfassende Abstimmung und Abwägung aller raumbezogenen öffentlichen und privaten Belange stattfindet,
— weil es zeitlich im Vorfeld der Fachplanungsverfahren, die mit einer nach außen verbindlichen Entscheidung abschließen, durchgeführt wird und
— weil es — da es sich um kein Verwaltungsverfahren handelt — weitgehend rechtsmittelfrei ist und flexibel gehandhabt werden kann.

Im Raumordnungsverfahren sollten die Bürger aber keinesfalls unmittelbar durch die zuständige Landesplanungsbehörde beteiligt werden, sondern mittelbar über die Gemeinden. Aus dem Gedanken der repräsentativen Demokratie aber auch aus verfahrenstechnischen Erwägungen, wie der Abrenzung des zu beteiligenden *Personenkreises* und der *Durchführung der Beteiligung,* müssen die im Kommunalrecht verankerten Formen der Bürgerbeteiligung wie die Bürgerversammlung genutzt und erforderlichenfalls ausgebaut werden.

Das Problem liegt lediglich darin, daß in diesem Zusammenhang ein bürgerschaftliches Engagement nicht für örtliche, sondern für überörtliche Fragestellungen geweckt werden muß. Das wird nicht einfach sein, wenn man bedenkt, daß es selbst den geschulten kommunalen Mandatsträgern in ihrer Doppelfunktion als Mitglieder von Organen der regionalen Planungsverbände oft nicht gelingt, über den Zaun zu blicken und eigene kommunale Interessen gegenüber den Interessen der Region zurückzustellen. Noch viel schwerer wird sich der Bürger tun, wenn er überfachliche und überörtliche Abwägungen treffen muß. Machtteilhabe bedingt eben auch Machtverantwortung. Sie verlangt unter Umständen die Einschränkung der eigenen Freiheit um der Freiheit anderer willen. Deshalb gibt es ja auch so viele Bürgerinitiativen gegen Etwas und so wenige, die für Etwas plädieren.

Wenn die Kommunen wichtige Partner der Landesentwicklung sind, dann müssen sie auch finanziell so ausgestattet sein, daß sie diesen Aufgaben entsprechen können. Das Steuersystem, insbesondere die Gemeindesteuern, der kommunale Finanzausgleich und die projektbezogene Förderung müssen insgesamt so ausgestaltet sein, daß sie nicht nur raumordnungswidrig wirken oder bloß raumordnerisch neutral sind, sondern daß sie der Verwirklichung der Erfordernisse der Raumordnung durch die Kommunen Hilfe leisten. Was den kommunalen Finanzausgleich anlangt, so zeigen sich unter den Bundesländern erhebliche Unterschiede aus der Sicht des Raumbezugs. Das gilt insbesondere für die Berücksichtigung der Mehrbelastung der zentralen Orte bei den Schlüsselzuweisungen. Die Wechselwirkung zwischen Finanzausstattung und Raumordnung sind noch nicht genügend durchdacht. Deshalb ist es zu begrüßen, daß die Sektion II der Akademie morgen sich damit befaßt. Kommunalpolitik und Landesentwicklungspolitik werden eine eingehende Grundlagenermittlung betreiben und dann Hand in Hand dafür eintreten müssen, daß in Zukunft mehr als bisher raumordnungsgerechte Weichenstellungen erreicht werden.

Im Zusammenhang mit der Tagung des Hauptausschusses des Deutschen Landkreistages vor einem Jahr ist die Frage gestellt worden: „Der Staat im Verhältnis zu den Kommunen — Partner oder Obrigkeit?" Für Raumordnung, Landes- und Regionalplanung scheidet die Alternative „Obrigkeit" schon aus dem Wesen der Aufgabenstellung her aus. Die Landesentwicklung sucht die Partnerschaft zu den Kommunen als Träger der mittelbaren Staatsverwaltung und als Träger der Selbstverwaltung. Sie ist aber auf das Echo dieser Partner angewiesen, wenn nicht diejenigen wieder Aufwind bekommen sollen, die dem Planungsdekret den Vorrang einräumen wollen vor dem Planungskonsens.

Diskussion

Leitung und Einführung: Beigeordneter Dr. Hans-Jürgen von der Heide, Bonn

I. Einführung

Herr Präsident, meine Damen und Herren!

Ich glaube, daß die Vorträge vom heutigen Morgen deutlich gemacht haben, welches außerordentlich wichtige Thema in diesem Jahr auf die Tagesordnung der Wissenschaftlichen Plenarsitzung gesetzt wurde. Es scheint mir, daß es bei dem Thema „Kommune und Landesplanung" um eine Frage geht, die in Wissenschaft und Praxis das kommende Jahrzehnt der 80er Jahre in erheblichem Maße beschäftigen dürfte. Und ich meine auch, daß wenigstens durchgeschimmert ist, wie sehr sich der eine Partner in diesem Verhältnis, nämlich die kommunale Seite, verändert hat.

Dazu einige Bemerkungen: Man wird sagen können — und ich sage dies hier ganz bewußt als ein Vertreter aus dem kommunalen Lager —, daß in vielfacher Richtung heute „Stadt" nicht mehr „Stadt" im historischen Sinne, „Gemeinde" nicht mehr die Ausprägung der örtlichen Gemeinschaft und auch der „Kreis" nicht mehr der „Landkreis" der Vergangenheit ist. Die Begriffe sind geblieben, der Inhalt hat sich geändert.

Dabei geht es nicht nur um die Veränderungen in der Größe und der Einwohnerzahl. Sie hat Professor Dr. SCHMITT GLAESER heute in so überzeugender Weise ausgebreitet. Vor allem die Maßstabsvergrößerungen bei den früheren Kleingemeinden hat das System kommunaler Selbstverwaltung in seinem Kern verändert. Allerdings sind gerade hier die Unterschiede zwischen den Länderregelungen besonders groß. Die Reform hat eben doch nicht — wie sie es anstrebte — zu mehr Einheitlichkeit geführt, sondern das frühere Spannungsverhältnis vielleicht sogar noch verstärkt. Professor Dr. SCHMITT GLAESER hat dies in seinen Tabellen deutlich werden lassen. Für die Wissenschaft tut sich hier ein weites Feld auf. Die neuen Zusammenhänge bedürfen noch der Durchleuchtung. Vielleicht bedürfen wir auch neuer Begriffe und Abschichtungen.

Es geht dabei aber nicht nur um ein wissenschaftliches Problem — und das möchte ich hier deutlich unterstreichen —, sondern noch weit mehr um ein politisches Problem, um ein Problem der Bürgerbeteiligung. Der „Kahlschlag" bei Gemeinden und Kreisen hat die Zahl der gewählten Vertreter entscheidend geschmälert.

Vor der Reform waren mehr als 450 000 gewählte Mandatsträger für ihre Bürger in Vertretungskörperschaften von Gemeinden, Kreisen und Großstädten tätig. Diese Zahl ist unter 200 000 gesunken, und dieses ist, meine Damen und Herren, nicht nur eine Frage der Quantität, es ist auch eine Frage der Qualität. Die Auswahl-Kriterien haben sich ebenso geändert wie die zeitliche Belastung der Mandatsträger. Mit dem Verlust an „Überschaubarkeit" ist der Einfluß der Fraktionen gewachsen und mit ihm der Einfluß der politischen Parteien und damit zugleich die Steuerung der Entscheidungen von außen.

Wir befinden uns tendenziell bei großen Kommunen auf dem Wege zum hauptamtlich beschäftigten kommunalen Vertreter, zum kommunalen Berufspolitiker. Und dieses hat, ohne daß die Wissenschaft dies bisher im einzelnen näher untersucht hat, die bürgerschaftliche Kulisse in wichtiger Weise verändert.

Das muß auch in allen Kompetenzfragen für die Kommunen und Kreise zu einer veränderten Ausgangslage führen. Wir sind uns über diesen Veränderungsprozeß noch nicht in dem Maße im klaren, um daraus die richtigen Rückschlüsse ziehen zu können, in welcher Weise sich hierdurch das Verhältnis von Staat und Kommune — und damit auch das Verhältnis von Landesplanung zur kommunalen Planung — umgestalten könnte.

Als Diskussionsleiter sollte ich keine Sachausführungen machen. Ich komme deshalb auf meine Sitzungsleitung zurück. Ich rege an, daß wir die Aussprache nach Sachgesichtspunkten gliedern. Wir sollten ihr die Gliederung*) zugrunde legen, die Ihnen vorliegt, wenn Sie dagegen keine Bedenken haben.

Themenschwerpunkte

I. Veränderungen bei den Kommunen
   1. Veränderungen bei den Gemeinden einschließlich der kreisfreien Städte.
   2. Veränderungen bei den Kreisen.
   3. Veränderungen in den Stadt-Umland-Beziehungen.
      (Sind Verbände oder ähnliche Einrichtungen noch notwendig?)

II. Anhörungsverfahren durch die Landesplanung unter Beteiligung:
   1. der Gemeinden und Kreise oder
   2. von Bürgerinitiativen
      (wie für die Bundesfernstraßenplanung angestrebt und in Nordrhein-Westfalen bei der Landesplanung praktiziert).

III. Rechtliche Beziehungen zwischen der Landesplanung (Regionalplanung) und den Gemeinden.
   1. Kann die Landesplanung in den Gemeinden Standorte bestimmen?
   2. Bedarf es dazu besonderer Voraussetzungen?
   3. Wie kann die Aufsicht über die Bauleitplanung die Durchsetzung landesplanerischer Festsetzungen sichern?

IV. Mitwirkung von Kommunen in der Raumordnung.
   1. Haben sich die bestehenden Mitwirkungsrechte bewährt?
   2. Wie und in welche Richtung könnten sie verstärkt werden?
   3. Bedarf es auch Änderungen in der Regionalplanung, um die Mitwirkung zu verstärken?

V. Andere und ergänzende Gesichtspunkte.

---

*) Die Gliederung entspricht der nachfolgenden Übersicht.

II. Diskussionsbemerkungen

Professor Dipl.-Ing. Heinz Weyl, Hannover

Die Diskussion darüber, wie weit die Kompetenzen der Landesplanung oder einer Regionalplanung den Gemeinden gegenüber greifen können, ist im Gefolge der Gebietsreform um einige Dimensionen erweitert worden. Vorab wird das Verhältnis zwischen überkommunalen Planungsebenen und Gemeinden dadurch bestimmt, inwieweit die Qualität einer Gemeinde „neuer Art" die gleiche ist, wie die einer Gemeinde „alter Art", nämlich die einer „örtlichen Gemeinschaft" gemäß Artikel 28 (2) des Grundgesetzes.

In denjenigen Bundesländern, in denen der Gebietsreform relativ große räumliche Maßstäbe zugrunde gelegt wurden — wie etwa in Niedersachsen, Nordrhein-Westfalen oder Hessen — kann von „örtlichen Gemeinschaften" in vielen Fällen kaum noch gesprochen werden, weil die aus der Gebietsreform hervorgegangenen Großgemeinden in sich eine Vielzahl räumlich getrennter „örtlicher Gemeinschaften" vereinigen, deren inneres Beziehungsgefüge als Folge der räumlichen Distanzen nur schwach ausgebildet ist. In einigen Fällen wurden selbst ganze Landkreise oder doch der größte Teil eines Landkreises „alter Art" als Gemeinden „neuer Art" konstituiert.

Das ist z.B. der Fall bei der Gemeinde „Stadt Neustadt am Rbg." in Niedersachsen, die mit einer Kleinstadt „alter Art" und 33 Dörfern den größten Teil des ehemaligen Landkreises Neustadt am Rgb. umfaßt und mit Abstand das weitaus größte Gebiet aller niedersächsischen Städte und Gemeinden aufzuweisen hat (ca. 38 000 EW auf einer Fläche, die fast doppelt so groß ist wie die der Landeshauptstadt Hannover).

Wenn der Gemeindebegriff des Grundgesetzes, der die „örtliche Gemeinschaft" zur Voraussetzung hat, derart verfremdet wird, sollte auch der differenzierende „Zugriff" der Landes- und der Regionalplanung anders bewertet werden, als wenn es sich um eine örtliche Gemeinschaft handelte, die ihre Angelegenheiten in eigener Verantwortung zu regeln hat (Art. 28 (2) GG).

Denn der Flächennutzungsplan für eine Großgemeinde von der Art der Stadt Neustadt am Rbg. ist im Grunde genommen ein Kreisplan, also bereits eine Art Regionalplan und nur noch dem Namen nach ein „vorbereitender Bauleitplan". Entsprechend sollten alle juristischen Überlegungen darüber, welche Zugriffsgenauigkeit eine Regionalplanung haben darf, vorab unterscheiden, ob es sich bei den betreffenden Gemeinden um räumlich erkennbare örtliche Gemeinschaften handelt oder um Additionen einzelner bzw. mehrerer solcher örtlicher Gemeinschaften als Ergebnis der Maßstabsvergrößerungen einer Gebietsreform.

Dabei kann es sich in keinem dieser Fälle darum handeln, daß die Landes- und Regionalplanung mehr Einflußmöglichkeiten, etwa durch eine vergrößerte Zugriffsgenauigkeit, erhält, als ihr vor den Gebietsreformen zustand, sondern lediglich darum, das Maß an Rahmensetzung durch räumliche Detaillierung, das vor den Gebietsreformen entwickelt worden war, unabhängig von der administrativen Maßstabsvergrößerung im räumlich unveränderten Maßstab in etwa beizubehalten.

Das wäre die eine Seite dieser Angelegenheit; die andere Seite sehe ich in unterschiedlichen Regelungen der Regionalplanung für die kreisfreien Städte bzw. für die Verdichtungsräume. Neben der problematischen Bildung von „Umland- und Nachbarschaftsverbänden" in Hessen und Baden-Württemberg muß hier die extreme Lösung in Niedersachsen angesprochen werden, wonach die Regionalplanung generell auf die Kreisebene übertragen wird, also auf die Landkreise und zugleich auf die Stadtkreise (§ 7 NROG).

Bei dieser niedersächsischen Sonderform der Regionalplanung stellt z.B. ein Ringkreis, der eine kreisfreie Stadt allseits umgibt, seinen eigenen Regionalplan (sein regionales Raumordnungsprogramm) auf unter Ausklammerung der kreisfreien Stadt, deren Flächennutzungsplan gemäß § 8 (1) NROG zugleich regionales Raumordnungsprogramm für den Bereich des Stadtkreises ist. Eine institutionelle Koordinierungsinstanz zwischen den somit gleichrangigen „Regionalplänen" von Stadt und Land ist im NROG nicht vorgesehen. Da nun — auch nach durchgeführter Gebietsreform — die Gebietsgrenzen zwischen den zentralen Städten der niedersächsischen Verdichtungsräume in den meisten Fällen mitten durch urbanisierte Gebiete hindurchschneiden, muß diese niedersächsische Regelung als abwegig bezeichnet werden, da der Zweck jeder Regionalplanung — die über- und zwischenkommunale Abstimmung insbesondere zwischen Gemeinden verflochtener Räume — hiermit nicht nur nicht erreicht, sondern durch die Bildung unkoordinierter und unabhängiger „Regionalplanungen" einmal für die Stadt und zum anderen für die angrenzenden Landkreise erheblich erschwert oder gar verhindert wird.

Auch abgesehen von diesen offenbaren sachlichen Unvereinbarkeiten und Sinnentleerungen der Institution „Regionalplanung" ist diese niedersächsische Regelung auch juristisch nicht haltbar, da sie eindeutig gegen Bundesrecht verstößt. Denn in § 5 (3) des Bundesraumordnungsgesetzes wird der Rahmen für die Regionalplanung in den Ländern festgelegt. Danach soll die Regionalplanung als Institution für Teilräume der Länder — bei kommunaler Organisation — Räume umfassen, die als „Zusammenschlüsse von Gemeinden und Gemeindeverbänden" definiert werden. Ausnahmen von dieser Regel gelten lediglich für die Stadtstaaten Berlin, Bremen und Hamburg.

Da die kreisfreien Städte Niedersachsens aber weder „Zusammenschlüsse von Gemeinden und Gemeindeverbänden" sind noch gar Stadtstaaten, verstoßen die §§ 7 und 8 (1) NROG insoweit gegen Bundesrecht. Entsprechend kommt es bei der Übertragung der Regionalplanungskompetenz auf die kreisfreien Städte auch zu unerlaubten Vermischungen von Planungskompetenzen aus der Bauleitplanung der Kommunen mit den überkommunalen Kompetenzen der Landes- und Regionalplanung, ohne daß deren übergeordnete Ausgleichs- und Abstimmungsfunktionen noch zum Tragen kommen könnten, da gerade die dafür erforderliche gebietsübergreifende Zuständigkeit fortgefallen ist.

Um den Vorschriften des § 5 (3) ROG zu entsprechen, müßten die inkriminierten §§ 7 und 8 (1) des Niedersächsischen Raumordnungsgesetzes (NROG) derart abgeändert werden, daß die Kompetenzen der Regionalplanung in Gebieten, in denen kreisfreie Städte liegen, auf Gemeindeverbände übertragen werden, die die jeweiligen kreisfreien Städte mitsamt ihren angrenzenden Nachbarkreisen einzubeziehen hätten. In Verdichtungsräumen mit mehreren benachbarten kreisfreien Städten sollte die Regionalplanung von nur einem, den gesamten Verflechtungsbereich umfassenden Regionalverband (Großraumverband) ausgeübt werden, wie es bislang in den Verdichtungsräumen Hannover und Braunschweig der Fall war.

Beigeordneter Hans-Georg Lange, Köln

Ich kann an einem Punkt gleich anschließen. Ich bin der Meinung, daß die verändernde Wirkung der Gebietsreform für das Verhältnis zwischen Gemeinde und Raumordnung oder Landesplanung weit überschätzt wird. Die Ergebnisse der Gebietsreform in den Ländern sind außerordentlich unterschiedlich, gleichwohl liegen die Probleme ähnlich.

Ich meine, man sollte bei der allgemeinen Diskussion der Themenstellung folgendes beachten. So wie gesellschaftliche Wertvorstellungen und Prozesse keineswegs nur über Gesetze und durch den Gesetzgeber verwirklicht werden, so wäre es ein Mißverständnis, wenn man etwa der Regionalplanung das Schwergewicht bei dem Prozeß der Anpassung an Ziele der Raumordnung in den Gemeinden zuerkennen würde. Es ist vielleicht ganz gut, die Rechtslage sich noch einmal vor Augen zu halten. Die Rechtslage ist, daß es ausschließliche Selbstverwaltungsaufgabe der Gemeinde ist, anzufassen. Dies ist also nicht Teil des Gegenstromverfahrens. Das findet erst ab Regionalplanung aufwärts statt. Es ist alleinige, keiner Fachaufsicht unterliegende Selbstverwaltungsaufgabe der Gemeinde, anzupassen. Sie kann dabei alle in den Zielen enthaltenen Auslegungs- und Beurteilungsspielräume in ihrem Sinne anwenden. Die Genehmigung durch die höhere Verwaltungsbehörde ist eine reine Rechtskontrolle; sie hat lediglich zu prüfen, ob dieses rechtlich richtig gemacht worden ist.

Die Abstimmung der Bauleitplanung benachbarter Gemeinden hat mit Landesplanung überhaupt nichts zu tun. Sie ist eine städtebauliche Verpflichtung aus dem Bundesbaugesetz, die allein eine Selbstverwaltungsaufgabe ist; und dennoch, meine Damen und Herren, diese Dinge funktionieren besser als gemeinhin gesagt wird. Sie funktionieren nämlich auch bei dem weitgehenden Fehlen einer Regional- und Landesplanung, mit dem wir es in den meisten Flächenländern, in den meisten Regionen dieser Länder immer noch zu tun haben.

Ich wollte damit zum Ausdruck bringen, daß man die aus Einsicht sich vollziehenden Anpassungen und Abstimmungsvorgänge nicht unterschätzen sollte.

Ein Zweites: Es wäre nach meinem Befinden ein falscher Weg, wenn man Tendenzen folgen sollte, zwischen der Ebene des Landes, sprich Landtag und Landesregierung, und der Ebene der Gemeinden mit gebietskörperschaftlichem Anspruch, Entscheidungsgremien mit einem Anspruch der Wahrnehmung eigener abgesetzter Interessen, die nicht gemeindliche und nicht die des Landes sind, einzuführen. Manche Bundesländer würden dann um ihre Existenz kommen, Nordrhein-Westfalen war so ein Beispiel. Das ist auch der Grund, warum Nordrhein-Westfalen den Weg der einmal vorgeschlagenen drei Verbände seinerzeit nicht gegangen ist. Wir sollten deutlich unterstreichen, daß die Entscheidungen getroffen werden einerseits in dem gemeindlichen Entscheidungsprozeß und zum anderen durch Entscheidungen des Landes und dort überwiegend nach dem Ressortprinzip, das eine konsequente Folge des Demokratieprinzipes ist. Wie anders könnten Landtage ihre Zielsetzungen in die Realität übersetzen, als durch ein offenes, gegenläufiges, die unterschiedlichen Interessen klar darlegendes Ressortprinzip, das als Fachplanung bei der Gemeinde ankommt. Dann hat nämlich die Gemeinde die Chance, sich mit der Fachplanung und nicht mit einem vorkoordinierten und daher nicht mehr in den Motivationen klar darlegbarem Paket abgestimmter Regionalplanung auseinanderzusetzen. Ich meine, daß es richtiger wäre, die Regionalplanung wohl in ihrer koordinierenden Funktion zu sehen, ihr aber möglichst nicht die später nicht mehr nachvollziehbare Vereinbarung von Fachplanungen auf regionaler Ebene zu überlassen. Die Gemeinden sind jedenfalls glücklicher, wenn sie die Fachplanungen, roh und so wie sie sind, präsentiert bekommen; dann läßt es sich auch sehr viel klarer und leichter damit auseinandersetzen.

Dieses soll nicht eine Absage an Regionalplaner sein, wohl aber eine Absage an eine Regionalplanung, die eigene, ich wiederhole das noch einmal, eigene Interessen formulieren möchte als Regionsinteressen, unterschieden von den Gemeindeinteressen und unterschieden von den Landesinteressen. Ich sehe da in der Regionalplanung, in staatlicher Verfassung, ich bin Mitglied eines Regionalplanungsträgers für den Regierungsbezirk Köln, die günstigere Form. In der nordrhein-westfälischen Lösung wird sie als ein staatliches Entscheidungsgremium verstanden, deren Vertreter kommunaler Herkunft sind. Sie sollen kommunale Erfahrungen, Umgang mit Bürgerbeteiligung, Umgang mit Bauleitplänen einbringen. Die in der Regionalplanung tätigen Mitarbeiter von Bezirksplanungsräten sollen aber nicht die Interessen ihrer Stadt oder ihres Kreises einbringen.

Ich sehe in der, in dieser Form staatlich organisierten Regionalplanung, deren Aufgabe in der räumlichen Koordinierung, aber nicht im Selbstfinden von fachplanerischen Zielen besteht, den günstigeren Weg. Er erweitert den Gestaltungsraum der Selbstverwaltung. Ich möchte ihm also den Vorzug gegenüber anderen Formen, auch der niedersächsischen Lösung, geben. Diese ist nämlich keineswegs kommunalfreundlich. Über die Einflußnahme, die das Land Niedersachsen sich auf die Regionalplanung vorbehält, gewinnt es direkte Kontrolle über die Flächennutzungsplanung, insbesondere in den kreisfreien Städten.

Beigeordneter Dr. Hans-Jürgen von der Heide, Bonn

Ich darf bitten, die Frage der Regionalplanung an späterer Stelle der Diskussion noch einmal aufzugreifen.

Wir sollten zunächst bei der Einführungsfrage bleiben: Wieweit ist der Wandel im kommunalen Raum fortgeschritten, und wie ist er zu beurteilen?

Ich gebe Ihnen, Herr LANGE, durchaus recht darin, daß bei den großen kreisfreien Städten der Veränderungsprozeß unter allen kommunalen Körperschaften am geringsten ist; selbst auch da, wo größere Eingemeindungen stattgefunden haben. Besonders betroffen waren allerdings kreisfreie Städte von der Gebietsreform dann, wenn sie in den Verbund des Kreises zurückgeführt wurden. Bei einzelnen Städten, wie z.B. in Bielefeld und Wolfsburg, ist es aber zu Vergrößerungen des Stadtgebietes gekommen, die einen neuen Typ von Flächenstadt haben entstehen lassen, einen Stadt-Land-Kreis.

Solche Veränderungen in der Typisierung gibt es vor allem bei kreisangehörigen Städten, die z.B. zu riesigen Flächengemeinden geworden sind. So umfaßt heute die Stadt Melle bei Osnabrück das ganze Gebiet des früheren Landkreises Melle. Da die Länder auf die Reformvorschläge sehr unterschiedlich reagiert haben, ist die kommunale Landschaft uneinheitlich wie eh und je. Die Systematiker sind aufgerufen, die neuen Begriffe zu suchen.

Professor SCHMITT GLAESER hat diese Uneinheitlichkeit der Entwicklung deutlich herausgearbeitet und die Spannungsbreite zwischen den verschiedenen Ländermodellen aufgezeigt. Diese Uneinheitlichkeit hat notwendigerweise natürlich Rückwirkungen auf unser Thema. Das Modell einer Lösung muß dann auf die unterschiedlichen Entwicklungen in den Ländern umgedacht werden.

Ministerialdirigent Dr. Günter Brenken, Mainz

Herr Vorsitzender, meine Damen und Herren!

Ich möchte eine Bemerkung aufgreifen, die der erste Referent des heutigen Vormittags, und zwar im ersten Teil seines Referates, gemacht hat, nämlich die Bemerkung, daß die sich ergebenden, von ihm in Tabellen dargestellten Unterschiede nach der Verwaltungsreform in der Größe der Gemeinden und der Kreise nicht durch strukturelle Unterschiede in Teilräumen der Bundesrepublik gerechtfertigt seien. Ich halte diese These nicht für richtig.

Denn die Zahlen über Fläche und Einwohnerdichte können nicht allein entscheidend sein. Dafür spricht schon, daß der Referent selber in zwei Tabellen, in denen er die Extreme dargestellt hat, denselben Landkreis angeführt hat, nämlich den Landkreis Mettmann, den er auf der einen Seite kritisiert, weil er zu flächenklein sei, ihn aber auch auf der anderen Seite kritisiert, weil er zu den größten, einwohnerstärksten Kreisen gehört. Kann man somit bei der Beurteilung des mit der Verwaltungsreform erreichten Gebietszuschnitts auf diese beiden Werte allein nicht abheben, so sollte man — zumindest ergänzend — von den Funktionen der Gebiete, ihrer Raumstruktur und ihren topographischen Formen ausgehen. Hingegen kann m.E. die Zahl der belassenen selbständigen Gemeinden nicht als ein sehr wesentliches Kriterium herangezogen werden, weil die Länder unterschiedliche rechtliche Ausgestaltungen der Gemeindeebene vorgenommen haben. So ist z.B. im Lande Rheinland-Pfalz, was die Zahl selbständiger Gemeinden anbelangt, keine allzu große Reduzierung vorgenommen worden, da man hier in Gestalt sog. Verbandsgemeinden eine Zusammenfassung von jeweils mehreren Gemeinden geschaffen und ihr die Kompetenz zur Flächennutzungsplanung übertragen hat. Das aber ist bei der Frage nach der raumordnerischen Wirkung der Gebietsreform ein ganz wesentliches Element. Wenn man überhaupt auf der gemeindlichen Stufe die aufgrund der Gebietsreform entstandenen Einheiten vergleichen will, so sollte man dieser Funktion der Flächennutzungsplanung entscheidende Bedeutung beimessen.

Nun lassen Sie mich etwas zu den Folgerungen sagen, die der erste Referent heute morgen gezogen hat. Er hat sich für eine Verlagerung von der vertikalen zur horizontalen Planung ausgesprochen. Er hat die These vertreten, daß es für die Gemeindeebene dringend erforderlich sei, „wieder etwas zu verwalten und zu entscheiden" und hinsichtlich der Gemeindeentwicklung nicht oder doch nicht annähernd im bisherigen Maße an Vorgaben der Landesplanung gebunden zu sein. Ich möchte in diesem Zusammenhang einen Gesichtspunkt anführen, der in dem Referat völlig übergangen wurde, nämlich die Tatsache, daß die Regionalplanung, die hier für die Vorgaben ja nur gemeint sein kann, ihrer Natur nach — worauf auch Herr BUCHNER hingewiesen hat — eine staatliche Aufgabe ist. Dennoch hat man sie — z.T. nach eingehenden parlamentarischen Beratungen — in den Landesplanungsgesetzen — und zwar meist auf Vorschlag der Landesregierungen — kommunalen Instanzen übertragen, in der Regel Zusammenschlüssen von Kreisen und kreisfreien Städten zu Planungsverbänden bzw. Planungsgemeinschaften. Damit ist den Kommunen eine weit über ihren örtlichen Bereich hinausgehende Mitwirkungsmöglichkeit bei der räumlichen Gestaltung ihres Umlands eingeräumt worden, die von ihrem Rechtscharakter her das Land hätte beanspruchen können. Dieser Kompetenzverzicht des Landes ist sicherlich nicht zu beklagen, im Gegenteil, er hat seine Berechtigung in den immer stärker werdenden Verflechtungen, die bei der gebietlichen Maßstabsvergrößerung noch zugenommen haben. Man soll bei dieser Erweiterung der kommunalen Mitsprache andererseits aber auch nicht beklagen, daß die daraus entstandene Regionalplanung einzelne gebietsscharfe Aussagen macht. Gebietsschärfe bedeutet, daß die Planungsaussage sich auf einen Teil des Gemeindegebiets bezieht. Mit dem heute morgen geforderten Verbot solcher Aussagen übersieht man völlig, daß solche gebietsscharfen Festlegungen, wie z.B. die Angabe, daß die zentralörtlichen Einrichtungen in einem bestimmten Ortsteil vorgehalten werden sollen, nur Rahmencharakter haben: Der Gemeinde verbleibt ja die Bestimmung von Art, Umfang und genauer Lage der Einrichtung; sie hat also einen nicht unbeträchtlichen Spielraum, ganz abgesehen davon, daß über den Zeitpunkt der Verwirklichung bzw. des Ausbaues der Einrichtungen der Regionalplan regelmäßig nichts bestimmt.

Bei den jetzt beanstandeten Ausführungen von heute morgen im ersten Referat fühle ich mich in gewisser Weise um Jahre, ja um ein Jahrzehnt zurückversetzt. Die Erwägungen und die gefundenen Lösungen in der Regionalplanung, die damals parlamentarisch eingehend beraten worden sind, haben in den gekennzeichneten Forderungen von heute früh überhaupt keinen Niederschlag gefunden.

Wir sind in der Praxis der Landesplanung durchaus gewohnt, wissenschaftliche Kritik entgegenzunehmen, und sollten das auch weiterhin. Ich glaube aber, man sollte auch einem Praktiker der Planung aus besonderem Anlaß die Bemerkung gestatten, daß es Äußerungen der Wissenschaft gibt, denen nicht die gebotene umfassende Betrachtung und Bewertung der einschlägigen Einzelheiten zugrunde liegt und die deshalb von der Praxis als befremdlich bezeichnet werden müssen.

Professor Dr. Gerhard Oberbeck, Hamburg

Ich habe meine Frage etwas provokativ formuliert: „Die Kommune — ein Opfer der Gebietsreform?" Persönlich bin ich — das möchte ich vorweg sagen — nicht dieser Meinung. Andererseits kann man in Gesprächen mit Bürgern feststellen, daß für viele von ihnen — das gilt zumindest für Beispiele aus Norddeutschland — die Gebietsreform zu einem Schreckgespenst geworden ist. Als ich als Kommunalpolitiker eine Großgemeinde (in Schleswig-Holstein) bilden wollte, wurde dies mit dem Hinweis auf das, was da „im fernen Süden jenseits der Elbe (in Niedersachsen)" passiert wäre, zurückgewiesen. Ich hatte den Eindruck — ohne über Pro und Contra der Sachzusammenhänge zu sprechen —, daß die Frage der Durchsicht und vor allen Dingen auch die Frage der Nützlichkeit nicht in dem notwendigen Maße an die Öffentlichkeit herangetragen worden ist. Diese Aussage gilt nicht nur für die Politiker, sondern auch für die Planer. Wenn wir in die Entwicklung der Kulturlandschaft eingreifen, sollten wir uns und der Öffentlichkeit klarmachen, daß auch wir nur das Glied in einer Kette sind: Das heißt mit anderen Worten, daß das, was wir tun, auf historischem Boden wurzelt und diese Genese in genügendem Maße berücksichtigt werden muß. Die Überleitung von der Vergangenheit in die Zukunft besitzt in der Gegenwart nur ein Durchgangsstadium, jene Zeit, in der wir aktiv sind, und deren Ergebnis sich zu irgendeinem Zeitpunkt dem Urteil der zukünftigen Generation stellen muß. Daß diese Beurteilung nicht immer positiv ausfallen wird, dürfte bereits heute sicher sein.

Der zweite Punkt, den ich erwähnen wollte, charakterisiert etwas den Sinn unserer Aufgabe. Wenn wir Planung betreiben, sollten wir ganz deutlich sagen, daß es nicht nur und nicht ausschließlich um eine *Veränderung*, sondern um eine *Verbesserung* der Lebenssituation geht. Bei manchen Fällen behördlicher Planung hat man das Gefühl, daß die Lust an der Veränderung — der Planung um ihrer selbst willen — zu stark zum Durchbruch gekommen ist. Der Bevölkerung sollte klargemacht werden, daß es um eine bewußte Verbesserung der Lebensumstände zu gehen hat.

Abschließend hätte ich mich mit dem Referenten gern über die terminliche Begrenzung unserer Aufgabe unterhalten. Es wurde gesagt, wir sollten kurz- und mittelfristig, jedoch nicht langfristig, planen. Ich bin anderer Meinung, d.h. wir sollten eine langfristige Konzeption durchaus ins Auge fassen. Sie sollte modifizierter und flexibel sein; nur so können wir unser Anliegen der Öffentlichkeit und der Bevölkerung — und um diese geht es letzten Endes — sinnfällig vor Augen führen. Wir sollten nicht soviel Planung wie möglich, sondern nur soviel wie nötig betreiben.

Professor Dr. Günter Endruweit, Bochum

Meine Damen und Herren!

Im ersten Referat wurde erwähnt und durch Zahlen ganz eindeutig belegt, daß die Kommunalreformen keineswegs zur Homogenität geführt haben. Ich möchte mit Herrn BRENKEN fragen, ob das nun eigentlich nützlich war und es gerechtfertigt ist, von Homogenität wirklich gleich auf Funktionalität zu assoziieren, oder ob nicht Homogenität vielleicht auch disfunktional sein könnte.

Ich komme aus Bochum, das ziemlich genau doppelt so groß ist wie Augsburg. Und wer von Ihnen aus Richtung München oder Stuttgart nach Augsburg mit dem Auto gefahren ist, der hat dort bereits Hinweise auf Augsburg gefunden. Wer mit dem Auto nach Bochum fährt, findet die ersten Hinweise 15 km vor der Stadtgrenze. Und dieser Unterschied in der Entfernung entspricht möglicherweise auch ziemlich genau dem Unterschied bei der Zentralitätsfunktion beider Orte für ihr jeweiliges Umland.

Das wird einem auch deutlich im physischen Erscheinungsbild beider Städte. Wer nach Augsburg kommt, sieht sofort den metropolitanen, oder in der Sprache unserer jetzigen Gesetze, den zentralörtlichen Charakter dieses Ortes, während der Eindruck von Bochum — vorsichtiger gesagt — etwas weniger erregend ist. Von daher würde man es wohl auch für gerechtfertigt halten müssen, daß Augsburg trotz geringerer Einwohnerzahl mit mehr Funktionen ausgerüstet wird als etwa Bochum. Aus diesem Grunde müßte man auch sagen, daß Zuordnungen von kommunalen Aufgaben zu bestimmten Größenordnungen, wie Einwohnerzahl oder Fläche, nicht unbedingt notwendig sind.

Auch wenn wir uns ansehen, wie sich die kommunale Struktur entwickelt hat, stellen wir derartige Inhomogenitäten auf den ersten Blick fest. Als Beispiel hierfür seien die Verbandsgemeinden angeführt. Das Saarland und Nordrhein-Westfalen haben sie abgeschafft und sind zur Einheitsgemeinde übergegangen. Andere Länder in derselben Ausgangslage, etwa Schleswig-Holstein oder Rheinland-Pfalz, haben die Verbandsgemeinde beibehalten, während wiederum andere Länder, so im süddeutschen Raum, die sie nicht kannten, die Verbandsgemeinde eingeführt haben. Das bedeutet mehr Inhomogenität, als wir sie vorher hatten.

Wenn wir es jedoch genauer betrachten, ist es aber vielleicht doch wieder Homogenität, nämlich der Versuch, in allen diesen Ländern mit kleineren Schritten die Bewohner, die Bürger an größere Verhältnisse zu gewöhnen. Hätte man, etwa in Bayern oder in Baden-Württemberg, sofort die große Einheitsgemeinde vom nordrhein-westfälischen Zuschnitt eingeführt, wäre das vielleicht über das Fassungsvermögen der Bürger hinausgegangen, die etwas länger an die kleinere Gemeinde gewöhnt waren. Insofern ist wiederum Inhomogenität hier eher funktional als disfunktional.

Als Soziologe steht man vielleicht am ehesten noch in Geruch, „Zahlenfetischist" zu sein. Aber ich möchte doch sagen, daß man die Zahlen — eher noch als ein Jurist — erst einmal daraufhin untersuchen muß, ob sie nützlich sind. Absolute Zahlen, wie etwa Flächen, Einwohner oder

Steuerkraft, sind selten nützliche Daten. Gerade bei komplexen Funktionszusammenhängen sagen nur relative Zahlen, wie komparative Dichtemaße, etwas Adäquates über die Funktionen aus. Und daher müssen wir die Zahlen und die Homogenität in einem etwas anderen Licht sehen.

Professor Dr. Arthur Bloch, Dortmund

Ich möchte kurz auf die Hinweise von Herrn LANGE eingehen.

Herr LANGE, Sie haben gesagt, die Anpassung der Bauleitplanung an die Ziele der Raumordnung und Landesplanung sei eine Angelegenheit der Gemeinde. Ob die Bauleitplanung angepaßt sei, würde dann im Genehmigungsverfahren von der zuständigen Behörde festgestellt. Diese Auffassung erscheint mir zu eng, denn nicht nur die Gemeinde hat die Möglichkeit, einen Interpretationsspielraum der Ziele der Raumordnung und Landesplanung auszufüllen, sondern auch und in erster Linie diejenigen, die diese Ziele aufgestellt haben. Ich bin der Meinung, daß das in Nordrhein-Westfalen praktizierte Anpassungsverfahren diesem Sachverhalt voll entspricht. Wenn zwischen den Trägern der Regionalplanung und der Gemeinde Meinungsunterschiede bei der Frage bestehen, ob der Entwurf eines Bauleitplans den Zielen der Raumordnung und Landesplanung angepaßt ist, so sprechen die betroffenen Aufgabenträger wiederholt über den strittigen Sachverhalt. Die abschließende Feststellung trifft dann eine Dienststelle der Landesplanung. Für die Genehmigungsbehörde ist diese Feststellung Grundlage ihrer Entscheidung über die Genehmigungsfähigkeit des Bauleitplans. Wenn wir die Aufgabe der Zielauslegung verlagern, so müßte die Genehmigungsbehörde über einen Sachverhalt eine fachliche Ermessensentscheidung treffen, die sie sicher nicht so zieladäquat treffen kann wie diejenigen, die die Ziele selbst aufgestellt und erarbeitet haben. Ich befürchte, daß der Weg über die Ermessensentscheidung der Genehmigungsbehörde schließlich dazu führt, daß nicht mehr die Planer die Ziele auslegen und interpretieren, sondern die Verwaltungsgerichte.

Sie haben weiter in Frage gestellt, daß es überhaupt ein eigenständiges regionales Interesse als Grundlage der Regionalplanung gibt. Ich bin aufgrund jahrelanger Praxis der Regionalplanung schon der Meinung, daß es mit unterschiedlichen regionalen Bedingungen auch differierende regionale Interessen gibt. Man kann nicht davon ausgehen, auf der einen Seite gäbe es bestimmte Interessen des Landes und auf der anderen Seite Interessen der Kommunen, ohne daß dazwischen Raum sei für jeweils spezifische regionale Interessen.

Überrascht bin ich davon, daß Sie sagen, die Bezirksplanungsräte in Nordrhein-Westfalen seien staatliche Institutionen. Wenn ich den Gesetzgeber richtig verstanden habe, so hat er genau das nicht angestrebt. Es wurde damals, als die Landesplanungsgemeinschaften aufgelöst wurden, ausdrücklich darauf hingewiesen, daß mit den Bezirksplanungsräten, denen die Sachherrschaft über die Regionalpläne zukommen soll, das kommunale Gewicht gestärkt werde. Die Kommunen wählen die Mitglieder der Bezirksplanungsräte, denen die Aufstellung der Gebietsentwicklungspläne übertragen ist. Die Aufstellung erfolgt zwar unter Beachtung des Landesentwicklungsprogramms und der Landesentwicklungspläne, aber frei von staatlichen Weisungen. Ich bin deshalb bisher davon ausgegangen, daß diese Bezirksplanungsräte nicht staatliche Institutionen, sondern kommunal geprägte Einrichtungen sind.

Beigeordneter Dr. Hans-Jürgen von der Heide, Bonn

Herr BLOCH, hier sind wir jetzt an einem Schlüsselpunkt, nämlich an die ganz zentrale Frage „Kooperation zwischen Kommunen und Staat", gekommen.

Mir scheint, daß das nordrhein-westfälische Beispiel in anderen Bundesländern Schule machen könnte. Bei dieser Sachlage wäre es nützlich, diesen Punkt noch etwas zu vertiefen.

Ich neige sehr viel mehr zu der Auffassung, daß es sich hierbei um eine staatliche Aufgabe mit kommunaler Beteiligung handelt.

Beigeordneter Hans-Georg Lange, Köln

Es ist vielleicht müßig, ob man jetzt die verfassungsrechtliche oder überhaupt die rechtliche Seite stark betont. Richtig ist jedenfalls, daß es sich hier um ein Entscheidungsgremium im Bereich des Staates handelt, das kommunaler Herkunft ist. Dieses Entscheidungsgremium stellt nicht selbst die rahmenrechtlich vorgeschriebene Beteiligung der Gemeinde dar. Die Beteiligung der Gemeinden an der Landes-/Regionalplanung vollzieht sich in dem eigenständig geregelten Beteiligungsverfahren, in dem jede einzelne Gemeinde das Recht der Beteiligung hat.

Lassen sie mich aber einen Punkt — die Bezirksplanungsräte brauchen wir hier vielleicht nicht zu vertiefen — doch noch besonders klarstellen. Ich stelle nicht in Frage, daß, überall wo Gremien, Verbände — wie auch immer — als Träger von Entscheidungen gebildet werden, dieses Gremium, dieser Verband in gewissem Sinne eigenständige Interessen entwickelt. Ich meine nur, es wäre nicht förderungswürdig, in den Flächenländern zwischen der politischen Willensbildungsebene der Gemeinde und der politischen Willensbildungsebene des Landes verstärkt eigenständige Willensbildungs-Politikebenen einzuziehen. Das vertragen die meisten Bundesländer nicht; dieses ginge auch zu Lasten der Gemeinden. Das könnte daher von mir schon aus diesem Grunde nicht vertreten werden und würde sich auch leicht dahin auswirken können, daß unnötigerweise Ziele der Raumordnung und Landesplanung gesetzt werden; unnötigerweiser, d.h. gerade dort, wo man auch mit gemeindlichen Planungsentscheidungen alleine auskommen könnte.

Ministerialdirigent Dr. Joachim Gadegast, Düsseldorf

Meine Damen und Herren!

Ich möchte Sie mit Beispielen aus Nordrhein-Westfalen nicht langweilen, aber es wurde vorhin behauptet, es wäre ein Modell, das vielleicht Schule machen könnte.

Zum einen: Es ist ein Bezirksplanungsrat *beim* Regierungspräsidenten und nicht ein Bezirksplanungsrat *des* Regierungspräsidenten.

Zum anderen: Herr LANGE, der Bezirksplanungsrat stellt den Regionalplan in eigener Verantwortung auf. Er ist der Träger der Regionalplanung. Und die Landesplanungsbehörde, der Staat, hat keine Fachaufsicht, lediglich eine erweiterte Rechtsaufsicht. Des weiteren steht jedoch im Gesetz, daß die Landesplanung eine gemeinschaftliche Aufgabe von Staat und Selbstverwaltung ist.

Staatssekretär a. D. Professor Dr. Werner Ernst, Münster

Zum Bezirksplanungsrat sollten wir vielleicht deswegen einiges sagen, nicht um Nordrhein-Westfalen einen besonderen Gefallen zu tun, sondern weil sich andere Länder überlegen, ob sie diese Institution nicht auch bei sich einführen sollen.

Ich möchte dazu folgendes sagen:
Das Bundesraumordnungsgesetz hat für die Regionalplanung einfach zwei Typen zur Verfügung gestellt, zwei Organisationsformen: Entweder machen es die Kommunen oder deren Zusammenschlüsse selbst. Oder wenn das nicht, müssen die Kommunen oder die kommunalen Verbände in irgendeinem förmlichen Verfahren beteiligt werden. Nun ist bei der Bezirksplanungsbehörde folgendes passiert: Die Landesregierung hat immer den Standpunkt vertreten, dieses ist die fairste Form, die uns der Bundesgesetzgeber zur Verfügung gestellt hat, nämlich eine Planung durch die Kommunen selbst. Das Eigenartige ist aber, daß die in den Bezirksplanungsrat entsandten Vertreter der Kommunen nicht an die Willensbildung der kommunalen Organe gebunden sind. Und die ganze Streitfrage geht jetzt darum, ob man einen kommunalen Vertreter, der nicht von der Kommune gewählt wird und nicht an die Willensbildung der verfassungsmäßigen Organe gebunden ist, sondern der aus eigenen Intentionen, eigenem Wissen oder Gewissen entscheidet, was wirklich

die Interessen der Gemeinde sind, als einen Vertreter der Kommune bezeichnen kann oder nicht. Ich neige dazu, daß er kein kommunaler Vertreter ist. Denn er vertritt nicht die Interessen der Gemeinde, die sie ja nach Gemeinderecht durch gewisse Organe wahrzunehmen hat, sondern er bestimmt, was seiner Meinung nach die Interessen der Gemeinde sind. Rechtmäßig ist der Bezirksplanungsrat trotzdem, denn die Gemeinden werden ja im förmlichen Verfahren, beim Anhörungsverfahren, sehr intensiv beteiligt. Nur, das ganze Ergebnis ist, daß man dann die Rechtmäßigkeit des Bezirksplanes mit einem Argument aufrecht erhält, von dem die Landesregierung erklärt hat, das soll es gerade nicht sein. Und für mich als Jurist entsteht jetzt die berechtigte Frage, kann man eigentlich eine gesetzliche Regelung als gültig erklären, wenn man ein Argument benutzt, von dem der Urheber dieser Regelung sagt, daß er dieses Argument ganz und gar nicht als gültig erklären würde.

Ich möchte ein Zweites sagen:
Die Regionalplanung ist ja durch den Bundesgesetzgeber zwingend vorgeschrieben. Regionalplanung ist also ihrem Wesen nach dann die zusammenfassende, überörtliche Planung für die unterste Ebene, auf der man noch übergeordnet und zusammenfassend planen kann.

Und das ist nach unserem Planungssystem in der Regel der Einzugsbereich eines Oberzentrums. Der Regierungsbezirk ist dafür im allgemeinen zu groß — jedenfalls in Nordrhein-Westfalen — und der Kreis zu klein, was schon die kreisfreie Stadt zeigt, die ja eben nur mit dem Landkreis zusammen den oberzentralen Bereich ausmacht bzw. mit anderen benachbarten Kreisen zusammen.
Die niedersächsische Lösung halte ich mit dem Bundesrecht nicht für vereinbar.

Beigeordneter Dr. Hans-Jürgen von der Heide, Bonn

Wir wenden uns in der Diskussion jetzt einem anderen Fragenkreis zu, nämlich dem in den Beratungen immer wieder angesprochenen Problemkreis „Beteiligung von Gemeinden und Kreisen" oder „unmittelbare Beteiligung des Bürgers an Landesplanung, Raumordnung und Fachplanung". Ich meine, daß diese Frage zurecht mehrfach angesprochen ist. Es geht dabei um ein durchaus aktuelles Problem. Die Beteiligung an der Bundesfernstraßenplanung, die der Bundesverkehrsminister nunmehr anvisiert, ist sicher nur ein Einstieg. Wenn es bei der Straßenplanung mit einer unmittelbaren Beteiligung beginnt, wird es in ganzer Bandbreite weitergehen.

Wir müssen dann mit solchen Beteiligungsverfahren im Wasserbau, bei Bundesbahn- und Bundespostplanungen, aber auch bei Raumordnungsverfahren nach den Landesplanungsgesetzen rechnen.

Als ein Vertreter der Kommunen mag ich in dieser Frage Partei sein. Erlauben Sie mir aber dennoch einige Bemerkungen. Die legitimen Vertreter der Gemeinden und Kreise sind für mich immer noch die von der Bevölkerung nach Art. 28 Abs. 1 GG gewählten Vertreter. Sie müssen als Ratsherren oder Kreistagsmitglieder in dem Beteiligungsverfahren nach bestem Wissen und Gewissen das Für und Wider abwägen. Sie legen die Gemeinde oder den Kreis mit ihrer Entscheidung fest. An diesem Verfahrensgang soll man nichts ändern. Eine Bürgerbeteiligung an der Gemeinde oder dem Kreis vorbei müßte das Prinzip kommunaler Selbstverwaltung in Frage stellen.

Ltd. Ministerialrat Dr. Herbert Schirrmacher, Wiesbaden

Herr Vorsitzender, meine Damen und Herren!

In dem von Ihnen verteilten Diskussionspapier schreiben Sie: „Anhörungsverfahren unter Beteiligung der Gemeinden und Kreise oder von Bürgerinitiativen." Ich meine, es kann nicht *oder* heißen, allenfalls kann es *und* heißen. Mir ist jedenfalls nicht bekannt, daß eine Beteiligung der Gemeinden, also der Kommunen, völlig zugunsten der unmittelbaren Bürgerbeteiligung aufgegeben werden sollte.

Wenn das der Fall sein sollte, dann würde ich es auch wie Sie, Herr VON DER HEIDE, für falsch halten. Wir haben die vom Gesetz vorgesehenen Organe der Bürgerbeteiligung, und diese sollten nicht eingeschränkt werden.

Ob es darüber hinaus zweckmäßig ist, Bürger unmittelbar zu beteiligen, muß — meiner Meinung nach — auch mit Vorsicht behandelt werden. Ich habe in meinem eigenen Arbeitsbereich wochenlang mit einer Bürgerinitiative Schreiben ausgetauscht, bis ich festgestellt habe, daß diese Bürgerinitiative, die sich zu einem Thema der Hessischen Landespolitik äußert, aus sieben Personen besteht. Insofern kommen wir da in eine Gefahr hinein, wenn nicht in irgendeiner Weise diese Bürgerinitiativen oder andere Gruppen von der Aufgabe her definiert werden. Man muß wissen, wer steht dahinter.

Es wurden hierzu auch Versuche gemacht, zum Beispiel von uns jetzt in bezug auf die Verbandsklage in Verbindung mit dem Ausführungsgesetz zum Naturschutzgesetz — das Klagerecht der Verbände, die nach dem Naturschutzgesetz anerkannt sind —.

Ich meine, eine Antwort dazu wird es augenblicklich abschließend nicht geben. Es ist jedoch eine Angelegenheit, die unbedingt überlegt werden muß, und zwar sorgfältig überlegt werden muß. Das zeigt sich auch daran, daß der Gesetzesentwurf in Hessen zur Ausführung des Naturschutzgesetzes erst in der zwölften Fassung in den Landtag gegangen ist, und zwar im wesentlichen wegen der Verbandsklage.

Zur Frage der rechtlichen Beziehungen zwischen Landes- bzw. Regionalplanung und den Gemeinden, speziell zur Frage, ob die Landesplanung in den Gemeinden Standorte bestimmen kann, wurde in den Vorträgen am Vormittag die Auffassung vertreten, daß die Landesplanung dieses nicht tun, sondern es den Fachplanungen überlassen sollte. Ich weiß nicht, ob das die richtige Antwort ist; denn es klingt so, als solle die Fachplanung gerade jene Aufgaben übernehmen, bei denen Schwierigkeiten zu erwarten sind, bzw. als solle sich die Landesplanung besser heraushalten, weil sie das Problem praktisch nur in „Allgemeinplätzen" ausdrückt und deswegen kritisiert werden kann.

Ich meine, es wäre schon zweckmäßig — wie wir es ja auch in verschiedenen Ländern versuchen —, daß wir insoweit eine Integration zwischen Fachplanung und Landesplanung in Form der Landesentwicklungsplanung herbeiführen und über die Landesentwicklungsplanung dann einen gemeinsamen Einfluß auf die gemeindliche Standortplanung ausüben.

Der Standort einer Lagerstätte oder eines zu schützenden Gebietes ist auch durch die kommunale Gebietsreform nicht verändert worden; die Probleme sind die gleichen geblieben, und die Einflußbedürfnisse, auch von Seiten der Landesentwicklungsplanung, sind vorhanden. Und dies sind dann auch die Voraussetzungen!

Man kann und man soll so etwas machen; jedoch unter dem Gesichtspunkt der Abstimmung zwischen Fachplanung und Landesplanung durch die Landesentwicklungsplanung.

Beigeordneter Hans-Georg Lange, Köln

Hier ist in der Tat eine sehr grundlegende Frage angesprochen. Wenn man eine unmittelbare Bürgerbeteiligung in der Landesplanung vorsehen wollte, würde man damit die bisherige Verständigungsgrundlage der Landesplanung verlassen, daß Ansprechpartner der Landesplanung allein die Planungsträger sind, die ihrerseits die Planung gegebenenfalls verwirklichen. Dieses ist die rechtliche Seite. Sie hat aber eine ebenso wichtige politikwissenschaftliche Seite. Wenn man zulassen wollte, daß neben der in dem Verfahren der Repräsentativ-Demokratie gebildeten Auffassung der örtlichen Gemeinschaft zu einem überörtlichen Planungskonzept auch noch andere örtliche Auffassungen gleichrangig in den Planungsprozeß eingebracht werden könnten, dann würde man das Prinzip und den Grundgedanken des gegliederten Staatsaufbaus verlassen. Es gibt daher nach meiner Vorstellung nur einen Weg: Man kann die Gemeinden verpflichten, vor ihrer Teilnahme, etwa an dem Verfahren der Landesplanung, vor ihrer Stellungnahme zu einem Regionalplan/Gebietsentwicklungsplan bei sich eine Bürgerbeteiligung durchzuführen, etwa nach dem Verfahren des § 20 Bundesbaugesetz, also nach dem Verfahren, das für die Bauleitplanung vorgeschrieben ist. Nach diesem Verfahren eine Bürgerbeteiligung durchzuführen, dies hieße, die Ergebnisse dieser Bürgerbeteiligung bei der Beschlußfassung der Vertretungskörperschaft so zu verarbeiten, wie das zu geschehen hat, wenn die Gemeinden selbst einen Bauleitplan beschließen: Das Ergebnis dann aber wäre von der Gemeinde in dieser Form verbindlich festzulegen und könnte nur als dieses, als Auffassung der Gemeinde von dem Regionalplanungsträger oder dem Landesplanungsträger verwendet werden. Alles andere müßte — man muß sich das in der Addition vorstellen — zu einer Auflösung der gebietskörperschaftlichen Gliederung des Staates führen. Diese Konsequenz müßte man sich dann vor Augen halten.

Professor Dr. Gerhard Oberbeck, Hamburg

Ich wollte mich mit Herrn KORTE über eine Formulierung unterhalten, die sich auch in seinem Skriptum findet: „Der Bürger steht im Mittelpunkt".

Meine Damen und Herren, dies ist eine bekannte Formulierung, die die Politiker vielfach gebrauchen — und manche glauben sie auch! Möglicherweise handelt es sich aber auch um eine Schutzbehauptung, denn mancher Bürger fühlt sich, was seine eigene politische Macht anbelangt, an den „Rand des Tellers" gedrängt. Die Frage ist, wie man eine derartige Situation ändern kann. Es gibt eine — Herr KORTE hat dies auch erwähnt — gewisse Müdigkeit im Hinblick auf eine Beteiligung am politischen Geschehen; es gibt aber auch die andere Reaktion, nämlich den Zusammenschluß in gewissen inoffiziellen Gremien, wenn man z.B. an die Bürgerinitiative denkt. Diese Organisationsformen sehe ich mit beträchtlicher Skepsis. Einerseits haben sie sachlich durchaus ihre Aufgabe, andererseits verhindern sie aber auch die Verwirklichung von sinnvollen Zielen und Planungen; denken wir nur daran, daß bei der Projektierung einer Straße alle Betroffenen, z.B. Schrebergärtner, sich zu einer Bürgerinitiative zusammenschließen und den ganzen Plan wie ein Kartenhaus zusammenfallen lassen. Solche Beispiele gibt es durchaus. Mit anderen Worten: die Frage ist, welche Aktivitäten kann man auch selbst als Planer oder Hochschullehrer ergreifen mit dem Ziel, seine Ideen zu verwirklichen? Ein Engagement im Rahmen unserer etablierten politischen Parteien ist ja nicht immer unbedingt notwendig. Es gibt auch andere Wege, um Einfluß zu nehmen. Ich habe dies in der Gemeinde, in der ich wohne, einmal durchexerziert und eine Rathauspartei gegründet mit dem Ergebnis der absoluten Mehrheit. In dieser Gemeinde konnte ich meine planerischen Vorstellungen zum Teil in die Tat umsetzen, bin jedoch mit dem Erreichten natürlich nicht hundertprozentig zufrieden. Ich habe diese Tätigkeit sieben Jahre durchgehalten; inzwischen ist diese Rathauspartei, wie das üblich ist, wieder in sich zusammengefallen. Ich meine nur, ein gewisses staatsbürgerliches Engagement ist von uns als Planer oder als Hochschullehrer durchaus zu erwarten, und wir sollten eine entsprechende Tätigkeit und auch das Risiko eine gewisse Zeit auf uns nehmen.

Die andere Frage, die ich anschließen möchte, ist die nach der Öffentlichkeitsarbeit. Wir sind in vielen Fällen doch viel zu „vornehm", das, was wir zu „verkaufen" haben, an den normalen Bürger heranzutragen. Es ist durchaus möglich, daß wir unsere Gedanken und Planungen z.B. in Form von Volkshochschulkursen der Bevölkerung verdeutlichen. Wenn wir in dieser Beziehung etwas aktiver würden, könnten wir auch erwarten, daß unser Anliegen ein stärkeres Echo in der Öffentlichkeit finden würde. Die Reaktion wäre dann wieder positiv im Hinblick auf die Verwirklichung dessen, was wir uns vorstellen.

Meine Ausführungen sollen auch dahingehend verstanden werden, daß wir als Mitglieder der Akademie nicht nur die Aufgabe haben, wissenschaftlich zu diskutieren, Mittel für unsere Forschungen zu beschaffen, Theoretiker und Praktiker miteinander zu konfrontieren, Ratschläge zu geben oder auch rückwirkend wieder Verbesserungen wirksam werden zu lassen. Es ist auch die Aufgabe dieser Akademie, in stärkerem Maße vielleicht als bisher mit unseren Ansinnen und Ideen an die Öffentlichkeit zu gehen.

Ministerialdirigent Dr. Werner Buchner, München

Meine Damen und Herren!

Ich möchte noch einmal auf den ersten Teil zurückkommen und meine Wortmeldung auf die Frage der Bürgerbeteiligung beschränken. Ich meine, man muß hier — auch im Rückblick auf meine kurzen Erläuterungen im Referat — verdeutlichen, daß man zunächst einmal unterscheiden muß:
— Bürgerbeteiligung *woran* und
— Bürgerbeteiligung in welcher *Art und Weise*
(wobei ich die Frage, ob Bürgerbeteiligung überhaupt zweckmäßig ist, hier nicht gern diskutieren würde).

Bürgerbeteiligung woran? Ich habe in meinem Referat nur einen kleinen Bereich andeuten können, nämlich die Bürgerbeteiligung an der Beurteilung einer einzelnen Maßnahme anhand von Zielen der Raumordnung und Landesplanung. Das heißt also, Bürgerbeteiligung in einem Raumordnungsverfahren für eine *Einzelmaßnahme*. Das erscheint mir nicht von vornherein abwegig. Die Einzelmaßnahme ist mit überschaubaren Problemen behaftet, sie führt auch zu einem bestimmten eingrenzbaren Kreis von betroffenen Bürgern. Daher war meine These die, daß dann, wenn man eine Bürgerbeteiligung vorsieht, beim Raumordnungsverfahren, bei dem überfachliche Probleme angesprochen werden, der richtige Einstieg zu sehen ist. Die Schwierigkeiten liegen in erster Linie darin, daß der einzelne Bürger, ebenso wie oft auch der kommunale Mandatsträger, überfordert ist, zu erkennen, wie aus dem Blickwinkel der überörtlichen und überfachlichen Beurteilung eine derartige Maßnahme auszusehen hat.

Die zweite Frage, die jetzt offenbar mit angeschnitten wird, ist die, ob nicht eine Bürgerbeteiligung auch an der *Aufstellung von Zielen* der Raumordnung und Landesplanung notwendig ist. Dabei ergibt sich doch eine Reihe von zusätzlichen Problemen. Ich darf hier auf eine Quelle aus der Wissenschaft zurückgreifen. Herr Prof. DIENEL, der heute auch anwesend ist, hat sich mit dieser Frage aus einer neuen Sicht befaßt. Er sagt in seiner Beurteilung dieser Zusammenhänge aufgrund seines Modells der Planungszellen, daß man am besten nicht betroffene Bürger, sondern unbeteiligte Bürger beteiligen solle. Dies ist ein Gedanke, der an sich herangezogen werden müßte, wenn ich überörtliche und überfachliche Planungen aufstelle und daran Bürger beteiligen will. Aber bei dem Modell zeigt sich, daß das unglaubliche Problemstellungen bei der Auswahl, der fachlichen Einweisung und Betreuung der Bürger und bei der Frage des Zurverfügunghaltens eines solchen Kreises aufwirft. Daher meine These, man sollte, wenn man an die Frage der Bürgerbeteiligung in der Raumordnung und Landesplanung herangeht, sich auf die Bürgerbeteiligung einzelner Maßnahmen beschränken. Eine Bürgerbeteiligung an der Aufstellung überfachlicher und überörtlicher Pläne erscheint mir, nicht allein vom Verfahrensgang her, außerordentlich problematisch. Und damit komme ich auf Herrn SCHIRRMACHER zurück, der in seinem Beitrag auf die Bürgerbeteiligung über die Kommunen einging. Dabei möchte ich noch einmal betonen, daß ich Bürgerbeteiligung nur im Zusammenhang mit dem Raumordnungsverfahren verstehe.

Bürgerbeteiligung über die Kommune oder direkt?

Ich meine, daß schon die Abgrenzung des Betroffenenkreises und die Handhabung eines solchen Verfahrens der Bürgerbeteiligung einer festen Organisationsform bedarf. Aus diesem Grunde halte ich den Weg über die Kommune als den einzig gangbaren.

Es gibt aus dem wissenschaftlichen Bereich einen Gesetzentwurf zum Verbandklagerecht, das Herr SCHIRRMACHER vorhin ansprach. Der Gesetzentwurf zeigt, wie schwierig es ist, da eine befriedigende Regelung zu finden; der Entwurf hat eine ganze Fülle von Regelungen, schon deswegen, weil die Eingrenzungsproblematik so groß ist. Und was für die Verbandsklage gilt, trifft natürlich auch für die Bürgerbeteiligung zu.

Lassen Sie mich vom Thema „Verbandsklage", Herr SCHIRRMACHER, noch einen anderen Gedanken ableiten. Wir haben im Naturschutzrecht einen Weg gewählt, die Verbandsklage aus rechtstechnischen und rechtspolitischen Gründen zurückzudrängen. Und wir haben dafür Surrogate eingeführt, wie etwa die Naturschutzbeiräte. In ähnlicher Weise scheint mir eine Bürgerbeteiligung an einem Raumordnungsverfahren über die Kommune durchaus sinnvoll zu sein.

Insgesamt also meine These: Diese Form der Bürgerbeteiligung könnte man am ehesten angehen.

Zu einem weiteren Gesichtspunkt, der von den Herren LANGE und SCHIRRMACHER direkt angesprochen worden ist, nämlich die Frage der Fachplanungen, möchte ich mich noch kurz äußern. Ich muß aber dazu erst in einem Satz auf die Frage der wirklichen Aufgabenstellungen der Regionalplanung und der Regionen zurückgreifen. Wenn hier im Saal gesagt wird, daß die Einbindung der Fachplanungen in die Regionalplanung nicht Aufgabe der Regionalplanung sei, dann weiß ich überhaupt nicht mehr, was Aufgabe der überörtlichen und überfachlichen Planung ist. Und wenn man sich einmal überlegt, welch magere Regional- und Landesplanung wir hätten, wenn es nur noch überfachliche Ziele gäbe, dann bräuchten wir uns in diesem Raum nicht mehr zusammenzusetzen. Das ist ja' gerade das Schwierige, fachliche planerische Vorstellungen, die von einem Fachplanungsträger eingereicht werden, guten Glaubens und mit dem Ziel, möglichst viel davon durchzubringen, mit anderen optimierten Fachplanungsvorstellungen abzustimmen und ein Gesamtkonzept zu entwickeln, das aus der Sicht der Abwägung unterschiedlichen Nutzungsansprüchen an den Raum tragfähig ist.

Ich muß jetzt gegen mein eigenes Haus sprechen, wenn ich sage, daß, wenn mir die Kollegen von der Naturschutzabteilung Landschaftsrahmenpläne servieren, die großartig gemacht sind, jedoch eine Fülle von Details enthalten, diese Pläne aus der Sicht des Fachplaners zwar brauchbar sein mögen, aber letzlich erst noch in die Regionalplanung eingebracht werden und sich mit anderen Ansprüchen messen lassen müssen. Es ist eben Aufgabe der Regionalplanung, Fachplanungen von Vorstellungen herunterzubringen, die letztlich die Nutzung des Raumes aus anderer Sicht unzumutbar beeinträchtigen würden.

Professor Dr. Peter C. Dienel, Wuppertal
Vielen Dank, Herr Vorsitzender!

Bei dem, was ich zu berichten habe, geht es um das Untersuchungsvorhaben, das von Herrn BUCHNER unter dem Begriff *Planungszelle* erwähnt worden ist.

Jeder weiß, daß die sogenannte Bürgerbeteiligung notwendige Planungen verlängert, verteuert oder sogar verhindert. Verwaltungspraktiker zeigen deswegen häufig eine gewisse Reserve gegenüber dem Versuch, die Bürgerbeteiligung auszuweiten. Soviel ist daran plausibel: Unser demokratischer Ordnungsentwurf läßt sich nicht so weiterentwickeln, daß immer mehr Leute immer öfter über mehr Sachen mitreden, von denen sie nichts verstehen. Unsere Versuche müssen in eine andere Richtung gehen: Die Personen, die in einer Sache mitsprechen sollen, müssen die Zeit erhalten und die Informationen und die förmliche Gelegenheit, die man braucht, um sich in einer Sache kundig zu machen, um dann das sagen zu können, was man zu dem Problem zu sagen hat.

Mit einer gewissen Weiterentwicklung im Bereich Bürgerbeteiligung ist zu rechnen — ich kann mich da auf den Vortrag von Herrn KORTE beziehen. Es ist unstrittig, daß es auch bei den Nichtplanern, auch bei den Nichtbeamten einen Bedarf danach gibt, sich mit den Großgruppen identifizieren zu können, zu denen wir gehören, deren Bürger wir sind. Ich habe im Rahmen meiner Hochschultätigkeit darüber nachgedacht, wie eine Bürgerbeteiligung aussehen könnte, die den heute zu stellenden Anforderungen entspricht. Dabei ist ein etwas eigenartiges Konstrukt herausgekommen: Die *Planungszelle*. Das ist ein Verfahren, bei dem im systematischen Zufall ausgewählte Bürger aufgefordert werden, an Planungen teilzunehmen. Diese Bürger werden dann befristet freigestellt — im Augenblick machen wir das eine Woche lang — und vergütet und in Gruppen an der Bearbeitung bestimmter Planungsprobleme beteiligt. Die Ergebnisse dieser Gruppenarbeit werden in sogenannten Bürgergutachten zusammengefaßt.

Ein solches Verfahren ist in der Lage, sowohl Betroffene zu beteiligen — wir haben solche Gruppen z.B. in Sanierungsgebieten ausgesucht — wie auch, und das ist der Punkt, den Herr BUCHNER speziell hervorgehoben hat, spezifisch nicht Betroffene zu beteiligen. Aus dieser Eigenschaft des Modells ergeben sich eine Menge interessanter Möglichkeiten, die ich hier nicht vertiefen werde. Es ist aber jetzt schon deutlich, daß es mit diesem Verfahren möglich ist, die politische Infrastruktur unserer Gesellschaft in sinnvoller Weise zu erweitern.

Die Versuche, dieses Verfahren zur Einsatzreife zu entwickeln, sind weiter gediehen, als sich das in der Literatur hierzu darstellt. Die Stadt Köln hat z.B. gerade jetzt beschlossen, ein Bürgergutachten durch zehn solcher *Planungszellen* erstellen zu lassen. Diese Gruppen arbeiten an einem sehr prominenten Problem; es geht um die städtebauliche Gestaltung des Rathausplatzes und damit um den ganzen Bereich, in dem der Gürzenich und das historische Rathaus liegen. Die Teilnehmer der Gruppen, insgesamt 250 Bürger, sind ausgewählt und haben zugesagt. Die Ergebnisse dieser zehn je viertägigen Gruppen werden bis zum Jahresende vorliegen.

Ministerialdirigent Dr. Joachim Gadegast, Düsseldorf

Meine Damen und Herren!

Standortvorsorge für verschiedene Einrichtungen, zum Beispiel auch für Kraftwerke, geht sicherlich über den Bedarf einer gemeindlichen Bauleitplanung hinaus. Daher haben wir in Nordrhein-Westfalen, wie vielleicht einige von Ihnen wissen, die Verantwortung für solche Standortvorsorge auf das Land übertragen. Wir haben einen Landesentwicklungsplan aufgestellt, der Standorte für Kraftwerke der verschiedenen Art enthält. Die Gemeinden sind damit verpflichtet, diese Planungen, die in einer Karte im Maßstab 1:100 000 dargestellt sind, in ihre gemeindlichen Bauleitpläne zu übernehmen.

Wir sind der Meinung, daß dieses nicht ein unzulässiger Eingriff in die gemeindliche Planungshoheit ist. Es ist sicher notwendig im Interesse einer Region, eines Landes, vielleicht sogar der ganzen Bundesrepublik Deutschland, Standorte für bestimmte Zwecke freizuhalten. Und wenn wir dieses unterstellen — und ich glaube, daß auch Sie dieser Meinung sind —, dann ist es eine Hilfe für die Gemeinde, wenn wir ihr diese Verantwortung abnehmen und auf das Land übertragen. Die Gemeinde, so glauben wir, ist überfordert, wenn sie auf ihrem Gebiet eine Anlage plant, die für die rein gemeindliche Entwicklung gar nicht notwendig ist. Daher meine These: Kein unzulässiger Eingriff in die gemeindliche Planungshoheit, sondern eine Hilfe für die Gemeinde im Interesse einer Region, eines Bundeslandes.

Dr. Günter Brehmer, Bonn

Herr Präsident, meine Damen und Herren!

Ich möchte mich auf ein kleines Beispiel beschränken, wie sich das Zusammenwirken der Planungen aus der Sicht eines Unternehmens zeigt. Ein kleines Unternehmen mit 50 Beschäftigten sitzt in einer Gemengelage, wird von allen Seiten bedrängt und sucht einen neuen Standort außerhalb besiedelter Gebiete oder außerhalb von Wohngebieten. Der Betrieb hat ein Grundstück gefunden, die Gemeinde hat einen Bebauungsplan aufgestellt und ein Industriegebiet ausgewiesen, der Plan ist rechtskräftig, das Gelände ist gekauft, der Betrieb möchte gern investieren.

Der Unternehmer hat auch vom Regierungspräsidenten die immissionsschutzrechtlich erforderliche Errichtungsgenehmigung, er könnte bauen. Parallel dazu wird der Flächennutzungsplan für die Gemeinde aufgestellt, die Gemeinde weist für das Gebiet, wie im Bebauungsplan vorgesehen, Gewerbefläche aus und bekommt vom Regierungspräsidenten, von eben demselben Regierungspräsidenten und zu eben derselben Zeit, aber in der Eigenschaft als Genehmigungsbehörde für die Bauleitplanung, den Flächennutzungsplan insoweit nicht genehmigt, sondern die Auflage, eben für das Industriegebiet landwirtschaftliche Nutzung auszuweisen.

Die Industrie- und Handelskammer als Träger öffentlicher Belange erhebt Einwendungen und macht den Unternehmer darauf aufmerksam, daß das gefährlich werden kann und bittet ihn, die Gemeinde zu veranlassen, dem zu widersprechen.

Es ist eine relativ kleine Gemeinde, die sich mit dem Regierungspräsidenten anscheinend nicht anlegen will. Sie sagt ihm auch: „Nein, es ist ja noch nicht nötig, Du kannst da doch siedeln, der Bebauungsplan wird ja laut Runderlaß des Landes durch die Landesplanung nicht beeinträchtigt, bau' Du da mal schön, die Baugenehmigung hast Du ja, und wir können im Flächennutzungsplan das ausweisen, was der Regierungspräsident wünscht." Und die Gemeinde will also jetzt landwirtschaftliche Nutzfläche ausweisen.

Wir können zunächst nur raten, daß sich die Industrie- und Handelskammer mit dem Betrieb und den verschiedenen Behörden zusammensetzt, um das Problem aufzuklären. Zunächst einmal das Problem: Der Regierungspräsident hat abgelehnt, weil die Landesplanung eine andere Festsetzung gewünscht hat, in der Regionalplanung war eben eine andere Nutzung verlangt worden, und dem gibt man jetzt nach. Die Genehmigungsbehörde, und zwar die Immissionsschutzgenehmigungsbehörde, im RP arbeitet mit der anderen Behörde offenbar nicht recht zusammen, und die Gemeinde macht den Fehler, daß sie dem RP nachgibt. Wenn der Unternehmer dort investiert, dann kann es sein, daß er den Betrieb errichtet und vielleicht sogar noch in Betrieb nimmt. Sobald er eine Beschwerde bekommt und der Bebauungsplan angegriffen wird, ist die Wahrscheinlichkeit sehr groß, daß der Bebauungsplan seinen rechtlichen Bestand verliert. Dann sitzt der Betrieb im Außenbereich und ist reduziert auf den verfassungsrechtlichen Bestandsschutz. Das heißt, wenn der Betrieb in 14 Tagen eine neue bau- oder immissionsschutzrechtliche Genehmigung für eine Ersatzanlage braucht, kann ihm die verweigert werden.

So ist die Situation an einem einzelnen Beispiel — es mag ein etwas krasses Beispiel sein. Ich wollte damit nur aufzeigen, daß man bei diesen Planungen, bei dem Ineinandergreifen der verschiedenen Planungen, die kleinen Schwächen des Vollzugs nicht ganz außer Acht lassen darf. Das klappt ja alles nicht so ganz, wie das soll, und wenn es ein Verkehrsunfall wäre, hätte man vielleicht gesagt, das ist menschliches Versagen, was hier passiert ist. Aber das häuft sich, und wenn die Sache nicht zufällig aufgefallen wäre, dann wäre der Betrireb wahrscheinlich mit Millionen-Investitionen in die Pleite gegangen. Der Fall ist noch nicht aufgeklärt, wir wissen noch nicht, wie er weitergehen wird, aber es ist sicherlich kein Einzelfall. Wir sind fest davon überzeugt, daß es eine Menge Fälle gibt, wo die Unternehmer das noch gar nicht wissen, daß inzwischen planungsrechtliche, bauplanungsrechtliche oder auch landesplanungsrechtliche Festsetzungen für ihre Standorte erfolgt sind, die ihnen die künftige Existenz nicht mehr gestatten und nur noch den verfassungsrechtlichen Bestandsschutz.

Ich danke Ihnen.

Ministerialdirigent Dr. Werner Buchner, München

Damit ist eine unglaublich interessante, aber auch sehr schwierige Problemstellung angesprochen worden; eine Problemstellung, die unter das Generalthema der Plangewährleistung fällt.

Dieses ist ein Generalthema, das uns Landesplaner in besonderem Maße berührt, und zwar deswegen, weil überörtliche und überfachliche Planung aus ihrem Wesen heraus auf Fortschreibung angelegt ist.

Man wird aber in der Literatur, auch wenn diese sich vielfältig und vielschichtig mit dieser Frage beschäftigt, immer wieder finden, daß es letztlich keine Rechtsgrundlage, keine Plangewährleistung im eigentlichen Sinne gibt. Es wird vergeblich versucht, über Hilfskonstruktionen, etwa über den Begriff des Vertrauensschutzes der öffentlich-rechtlichen Würdigung oder des Grundsatzes von Treu und Glauben, Lösungen zu finden. Nun ist der jetzige Fall, wie er vorgetragen wurde, noch etwas anders gelagert als der übliche Fall der Plangewährleitung, weil ja noch nicht einmal eine innerörtliche Planung aufgestellt wurde und man hier bereits eine Art Vertrauensschutz fordert in einer Situation, wo man erst einen Plan zustandebringen müßte. Dieser Fall ist rechtlich vielleicht noch schwieriger und noch weniger öffentlich-rechtlich lösbar.

Aber ich möchte als Landesplaner auch davor warnen, diese Frage ohne Vorsicht anzupacken. Es könnte nämlich sehr leicht geschehen, daß, wenn man Lösungen findet, die nicht sorgfältig gewählt sind, die Raumplanung Gefahr läuft, insgesamt beeinträchtigt zu werden. Sie ist auf Fortschreibung und Veränderung ausgelegt. Das muß auch künftig so bleiben.

Beigeordneter Hans-Georg Lange, Köln

Dieser Fall, meine Damen und Herren, ist nicht ein Einzelfall, sondern fast der Normalfall, ein Fall, der bisher nur deswegen so selten aufgetreten ist, weil es bisher stringentere Grundlagen der Regionalplanung nicht gegeben hat. Sobald es die aber gibt, taucht er auf. Er taucht durch ständig verfeinerte und verschärfte Bindungen auf.

Ich möchte Ihnen das an einigen Fällen darstellen. Bei der Aufstellung eines Bebauungsplanes ist zu beachten, daß der Bebauungsplan aus dem Flächennutzungsplan entwickelt werden muß. Der Flächennutzungsplan mag zu einem anderen Zeitpunkt aufgestellt sein als die Grundlagen der Regionalplanung. Es wird sich häufig herausstellen, daß der Bebauungsplan entweder aus dem Flächennutzungsplan entwickelt werden könnte — dann ist er nicht anpaßbar an die Ziele der Raumordnung und Landesplanung —, oder aber er könnte angepaßt werden, dann müßte aber vorher der Flächennutzungsplan geändert werden. Dieses ist zumeist nicht nur in dem Einzelfall möglich, sondern erst nach einer grundsätzlichen Überarbeitung des Flächennutzungsplanes. Hinzu kommt aber folgendes; neuerdings müssen die Ziele einer kommunalen Entwicklungsplanung berücksichtigt werden. Die kommunale Entwicklungsplanung ist aber wiederum ihrerseits nicht gebunden an die Ziele der Raumordnung und Landesplanung. Sie ist im Zweifel also abweichend, schon deswegen, weil sie zu einem anderen Zeitpunkt aufgestellt worden ist unter anderen Planungshintergründen. Also ist die Berücksichtigung, die das Gesetz auch vorschreibt, der kommunalen Entwicklungsplanung, die Entwicklung aus dem Flächennutzungsplan und die Anpassung an die Ziele der Raumordnung und Landesplanung, alles drei zusammen, in sehr vielen Fällen gar nicht mehr vollziehbar. Desweiteren haben wir neben Zielen der Raumordnung und Landesplanung, die im landesplanerischen Verfahren entstehen, noch die fachplanerischen Festsetzungen, die mindestens dann Raumordnungsqualität haben, wenn sie in einem Raumordnungsverfahren, etwa wie die Linienfestlegungsverfahren nach den Landesstraßengesetzen und dem Bundesfernstraßengesetz entstanden sind. Diese Festlegungen sind nun wieder häufig nicht mehr in Übereinstimmung mit den im Verfahren befindlichen Zielen der Raumordnung und Landesplanung. Die Fachplanungsträger sind aber nicht bereit, ohne weiteres ihre Linienfestlegungen zurückzunehmen, selbst dann nicht, wenn in den Entwürfen oder sogar in den verabschiedeten Zielen der Raumordnung und Landesplanung die Linie nicht, oder wie wir es in Köln in einem Fall haben, in anderer Form dargestellt ist. In Köln haben wir zum Beispiel mit einer Straße folgenden schönen Fall.

Es ist eine Landstraße, die ist nach dem Landesstraßengesetz linienfestgelegt in einer Form. Bei der Aufstellung des Flächennutzungsplanes, die jetzt läuft, hat der Regierungspräsident — Höhere Naturschutzbehörde — vorgeschlagen, diese Straße total zu streichen, die wir aber aufnehmen müssen, weil sie ja landesplanerisch festgelegt ist. Und dann legt zur gleichen Zeit der Regierungspräsident als Bezirksplanungsbehörde einen Entwurf eines Gebietsentwicklungsplanes vor, da ist dieselbe Straße drin, aber in anderer Form, in anderer Führung. Das macht aber wiederum die Straßenbauverwaltung nicht mit, und nun stellen Sie mal einen Flächennutzungsplan auf, der genehmigungsfähig sein soll. Er muß aber aufgestellt werden, weil bald keine Bebauungspläne mehr genehmigt werden, da nach der immerhin vor 5 Jahren abgelaufenen Gebietsreform derselbe Regierungspräsident — Höhere Verwaltungsbehörde — der Meinung ist, jetzt wäre es endlich doch Zeit, daß ein genehmigungsfähiger Flächennutzungsplan vorgelegt werde. Die Stadt hat übrigens — das will ich auch noch sagen — zwischen diesen Verfahren eine kommunale Entwicklungsplanung aufgestellt. Die stimmt, was Bevölkerungsrichtwerte angeht, weil sie eben 3 Jahre früher aufgestellt worden ist, nun wieder nicht mehr ganz überein. Man sieht hieraus nur, daß die ständige Veränderung der Planungsgrundlagen, die notwendig unterschiedliche Betrachtungsweise der verschiedenen Raumplanungs- und Fachplanungsträger, das Bemühen, ein geschlossenes System zu entwickeln — Entwicklung des Bebauungsplanes aus dem Flächennutzungsplan, zugleich Flächennutzungsplan und Bebauungsplan müssen angepaßt sein — und schließlich die fachplanerischen Festlegungen, wenn sie rechtskräftig sind, im Ergebnis zur „Planungsunfähigkeit" aus Systemgründen führen, jedenfalls von einer bestimmten Stadtgröße an. Das ist einfach die Lage. Wir haben uns da im eigenen System gefangen. Es gibt vielleicht Kunstgriffe, mit denen man irgendwie da wieder herauskommen wird. Aber es läßt sich in diesem System auf unterschiedlichen Ebenen, aus unterschiedlichen Entscheidungsgremien heraus — und damit naturgemäß nicht voll übereinstimmend und zu unterschiedlichen Zeitpunkten — eine rechtlich haltbare Fortschreibung der Raumplanung nicht bewerkstelligen. Das ist der Tatbestand, der möglicherweise Gesetzesänderungen erfordert.

Professor Dipl.-Ing. Heinz Weyl, Hannover

Ich möchte mich noch zu zwei Punkten äußern: einmal dazu, ob und inwieweit die Landes-(oder Regional-)planung Standorte innerhalb von Gemeinden bestimmen kann und wenn, welche, und zweitens zur Problematik von Richt- oder Zielzahlen.

Zum ersten möchte ich an die Ausführungen von Herrn Dr. GADEGAST anknüpfen. Meiner Meinung nach sollte es selbstverständlich sein, daß die Landesplanung alle solche Standorte festlegen kann, die von regionaler oder gar überregionaler Bedeutung sind. Denn wer, welche Instanz sollte sie sonst wohl festlegen?! Eine Gemeinde ist in solchen Fällen völlig überfordert, insbesondere, wenn derartige Standorte ihrer Qualität nach wohl im regionalen oder überregionalen, aber mitnichten im kommunalen Eigeninteresse der betroffenen Gemeinde liegen.

Es gibt auch Extremfälle, bei denen es vorstellbar ist, daß die Länder — infolge der nationalen Bedeutung einer besonderen Standortfestlegung oder wegen des besonderen Gewichts eines Einzelvorhabens für den Gesamtstaat — selbst überfordert sind, so daß der Bund hier Kraft Natur der Sache die betreffenden Standortfestlegungen treffen muß (s.a. nukleare Endlagerungen oder einmalige Aufbereitungsanlagen, aber u.U. auch das Standortraster für Großanlagen von nationaler Bedeutung).

Es wird in Zukunft immer mehr Einrichtungen von nationaler Bedeutung geben, bei denen der Bund bestimmen muß, in welchem Land und in welchen Standortbereichen sie loziert werden sollen, wenn solche Fälle auch sicherlich die Ausnahmen bleiben werden.

Grundsätzlich vertrete ich aber die Auffassung, daß die Standorte für überkommunal, regional oder überregional bedeutsame Einrichtungen oder Vorhaben auch von der Landes- und Regionalplanung festgelegt werden können, gleich ob das betreffende Land die regionalplanerischen Kompetenzen selbst (also unmittelbar) ausübt oder sie an kommunale Selbstverwaltungskörperschaften delegiert hat.

Darüber hinaus kann der Regionalplanung dann eine engere Rahmensetzung mit stärker differenzierten Festlegungen und Bindungen für die einzelnen Gemeinden zugesprochen werden, wenn das betreffende Land die Regionalplanungskompetenz
a) an in Selbstverwaltung tätige Körperschaften delegiert hat, die derart verfaßt sind, daß
b) die betroffenen Gemeinden an ihrer Willensbildung beteiligt sind (Zweckverbandsverfassung!) und die Entscheidungen des Trägers der Regionalplanung insoweit mitbestimmen.

Für regionale Selbstverwaltungskörperschaften, die über ein in unmittelbaren Wahlen gewähltes regionales Vertretungsgremium verfügen, an dessen Entscheidungen die verbandsangehörigen Gemeinden mithin nicht unmittelbar beteiligt sind, träfe dies nicht im gleichen Umfang zu.

Immerhin sollte es einer „kommunalisierten" Regionalplanung möglich sein, sehr viel differenziertere programmatische Standortfestlegungen zu treffen, wie es ja auch von allen Regionalplanungsverbänden in der Bundesrepublik seit jeher praktiziert wird. Als Beispiele wären hier die Regionalpläne der baden-württembergischen Regionalverbände anzuführen oder die des Verbandes Großraum Hannover.

Sollte dies in Zukunft nicht mehr möglich sein, wäre die Alternative eine Regionalplanung, die etwa einer Stadt wie München als Landeshauptstadt und Oberzentrum einen farbigen Kreis und allenfalls einige Programm-Symbole zuzuweisen hätte und sonst nichts. Um derart sensationelle Aussagen treffen zu können, bedürfte es allerdings kaum einer besonderen Regionalplanung.

Andererseits muß meiner Auffassung nach sichergestellt werden, daß über das Nur-Kommunale und das Nur-Landesinteresse hinaus insbesondere für die komplexen und vielfältig verflochtenen Verdichtungsräume auch zusätzlich rahmensetzende und programmierende Aussagen und Festlegungen regionaler Art getroffen werden können, an deren Erarbeitung die betroffenen Kommunen allerdings beteiligt werden müßten.

Mein zweiter Punkt betrifft die Vorgabe von Richtzahlen. Der Vortragende, der wohl weniger aus der Praxis kommt, geht anscheinend von der Annahme aus, daß quantitative bzw. dimensionierende Aussagen der Regionalplanung sich nach den Bevölkerungsrichtzahlen auszurichten haben. Vereinfacht ausgedrückt hieße das etwa, daß eine Gemeinde, die an Bevölkerung zunimmt, zu deren räumlicher Disposition über mehr Fläche verfügen können muß, und eine Gemeinde, deren Bevölkerung schrumpft, über weniger Fläche als bisher; immer wie gesagt unter der Voraussetzung, daß die Flächenbeanspruchung in einer deutlichen Beziehung zur — zunehmenden oder stagnierenden oder abnehmenden — Zahl der Bevölkerung steht.

Genau das ist aber nicht der Fall. Vielmehr ist bereits in Zeiten der Expansion festgestellt worden, daß 70 bis 80% der zusätzlichen Flächenbeanspruchung in Verdichtungsräumen nicht von den damals noch starken Bevölkerungszuwächsen verursacht wurden, sondern durch Nachholbedürfnisse erschiedener Art, ausgelöst durch familiäre Veränderungen, prosperitätsbezogene höhere oder veränderte Wohnansprüche und innovationsbedingte höhere oder veränderte Raumansprüche für Gewerbe und Industrien.

Insoweit kann gar nicht oft genug wiederholt werden, daß Bevölkerungsrichtwerte oder -zielzahlen nur sehr bedingt von Bedeutung für die Beanspruchung von Flächen sind und jedenfalls in sehr viel geringerem Maße als die angeführten Entwicklungsfaktoren. Etwas pauschal ausgedrückt kommt es unter den Aspekten der Landes- und Regionalplanung überhaupt nicht darauf an, ob oder inwieweit die Anzahl der Einwohner einer Gemeinde schwankt oder sich verändert, weil die jährlichen Mehrbeanspruchungen an Flächen, gleich ob für Wohnungen, Arbeitsstätten, Erholung oder Verkehr durch die Bedürfnisse der vorhandenen Wohnbevölkerung bestimmt werden.

Lediglich für die Dimensionierung langfristig zu planender Entsorgungssysteme mag den Bevölkerungsrichtzahlen eine gewisse Bedeutung zukommen; als Dimensionierungsgrößen für die Flächenbeanspruchung in der räumlichen Planung sind sie durchaus ungeeignet und eher verwirrend, weil durch sie Ansprüche geweckt und Spekulationen gefördert werden.

Oberbaudirektor Dr.-Ing. Klaus Fischer, Mannheim
Meine Damen und Herren!

Auch wenn am heutigen Diskussionnachmittag zweimal betont worden ist, daß die Raumforschung vor der Raumplanung zu stehen habe, so möchte ich es dennoch wagen, aus den Niederungen der Raumplanung einige Anmerkungen zu machen. Und zwar zu zwei Punkten, die in den beiden letzten Vorträgen des heutigen Vormittages angeklungen sind und von denen ich meine, daß sie aus der Sicht der Praxis heraus völlig ungelöst sind. Ich meine zum einen das Problem der Planungsschärfe und zum anderen das Problem der Planungsdichte.

In der Diskussion über die Grenzlinie zwischen kommunaler Planungshoheit auf der einen Seite und regionalem Eingriffsrecht auf der anderen Seite wird immer wieder die unangemessene Planungsschärfe der Regionalplanung mit dem Hinweis hervorgehoben, daß sie „parzellenscharfe" Festlegungen enthalte. Ich meine, hier wird ein regionalpolitischer Buhmann aufgebaut, den es in Wirklichkeit gar nicht gibt, denn es gibt in der Regionalplanung, bei den Maßstäben, die wir haben und bei den Kartengrundlagen, auf denen wir zu arbeiten haben, gar keine Parzellenschärfe.

Meine Damen und Herren, wir arbeiten im Regelfall im Maßstab 1:50 000 oder im Maßstab 1:100 000; dieses sind topographische Karten bzw. topographische Übersichtskarten; sie enthalten gar keine Flurstücksgrenzen. Dies sind lageuntreue topographische Karten; und insofern ist es unangemessen, die Parzellenschärfe zu monieren oder darauf hinzuweisen, daß Regionalpläne keine parzellenscharfe Festlegungen treffen dürfen. Sie tun es nicht und können es auch nicht. Wenn man von Planungsschärfe spricht, wäre es zweckmäßiger, alle Komponenten mit zu bedenken: das wäre der zu verwendende Maßstab, das wäre die Kartenunterlage, das wäre der Zeithorizont — denn auch der spielt ja für die Planungsschärfe eine erhebliche Rolle —, und das wären natürlich auch die Rechtswirkungen der entsprechenden Festlegungen. Man könnte an dieser Stelle sehr gut auf das Städtebaurecht zurückgreifen, wenn man einigermaßen exakte Definitionen wünscht, und ich meine, das müßten wir uns eigentlich angedeihen lassen. Dann könnte man auf der Bebauungsplanebene von der „Parzellenschärfe" (u.U. auch von der „Gebietsschärfe" sprechen, wenn wir an das reine oder das allgemeine Wohngebiet denken), auf der Flächennutzungsplanebene von der „Flächenschärfe" und auf der Regionalplanungsebene eben von der „Bereichsschärfe" sprechen und sehr wohl damit die Gewannebene meinen. Für die Landesplanung bliebe dann vielleicht eine „Raumschärfe" übrig, die man natürlich genauso exakt definieren könnte.

Und zum zweiten Punkt, der Planungsdichte nämlich. Auch wenn aufgrund der besonderen Situation der Regionalplanung natürlich exakte Trennung von regionalen und kommunalen Kompetenzen schwierig ist, sollte man wenigstens versuchen, den Grenzsaum zu bestimmen. Ich meine, daß dies notwendig ist, denn man kann im Verwaltungsvollzug doch nicht von Fall zu Fall immer wieder von neuem entscheiden, in welche Kompetenzzone jedes Planungselement denn eigentlich hineingehört. Es wäre gar nicht so schwierig, eine Art von Mindestkatalog aufzustellen, was aus überörtlicher Sicht fixierungsnotwendig bzw. was aus kommunaler Sicht unzweckmäßig ist. Hierzu gehören etwa die natürlichen Gegebenheiten (die regionalen Grünzüge wurden heute morgen beispielsweise genannt), dazu gehört die Raumtypisierung, das zentralörtliche Gliederungssystem oder andere Ordnungsformen, dazu gehört auch die Gemeindestruktur und die Gemeindefunktion, dazu gehören die Bevölkerungs- und Siedlungsentwicklung, die Wirtschafts- und Erwerbsgrundlagen, die überörtlichen Infrastruktureinrichtungen, überörtliche Frei- und Schutzflächen und anderes mehr.

Mein Plädoyer geht dahin, wenn die Regionalplanung schon organisationsrechtlich nicht eindeutig etabliert ist, dann sollte man wenigstens in materieller Hinsicht für einigermaßen Klarheit in den Festlegungen sorgen. Da der Hauptstreitpunkt im Grunde die Regelungstiefe ist, wäre in zwei Punkten Klarheit zu schaffen, nämlich hinsichtlich der Planungsschärfe und hinsichtlich der Planungsdichte. Ich meine auch, eine Disziplin wie die Raumordnung, die doch bezüglich Abstimmung von allen Disziplinen sehr viel erwartet, wäre eigentlich gut beraten, wenn sie im eigenen Hause derartige Koordinierungen, exakte Absprachen, eindeutige Definitionen vornähme.

Professor Dr. Winfried Brohm, Konstanz

Meine Damen und Herren!

Ich hatte an sich nicht vor, das Wort zu ergreifen, aber Punkt 3 der Diskussionsordnung, den wir gerade diskutieren, und Punkt 1 hängen ja zusammen, und da der Erstreferent nicht mehr anwesend ist, glaube ich, sollte ich doch als ebenfalls „praxisferner Theoretiker" — der aber als Öffentlichrechtler dem Grundgesetz sehr „praxisnah" steht — kurz etwas dazu sagen.

Ich möchte mich nicht äußern zur Datenanalyse des Erstreferenten; ich halte sie ebenfalls für sehr problematisch; auch nicht zu seinem Vorschlag einer „Kreisplanung"; auch demgegenüber bin ich sehr skeptisch; aber seinem Grundansatz zum Verhältnis von „Landesplanung und Gemeindeplanung" kann ich nur beipflichten. Wir haben nun einmal in unserer Verfassung verankert, daß die Gemeinden eine eigenständige Planungshoheit besitzen, d.h. nach eigenem Gestaltungsermessen Raumstrukturplanung betreiben können und müssen. Eine solche Verfassungsbestimmung kann unter Umständen einer Landesplanung sehr hinderlich im Wege stehen. Jede Planung versucht ja „zusammenzufassen". Das wurde heute vormittag und jetzt in der Nachmittagsdiskussion mehrfach betont. Wenn man zusammenfaßt, d.h. wenn man die Arbeitsteilung, die sich in vielen Kompetenzen ausdrückt, wieder überwinden will, weil die Probleme zusammenhängen, dann muß sich natürlich die Planung automatisch an der Kompetenzordnung stoßen. Ist diese Kompetenzordnung auch noch verfassungsrechtlich festgeschrieben, und sind einzelne Kompetenzen mit Autonomiebefugnissen versehen, dann muß es hier unausweichlich zu Konflikten und Spannungslagen kommen. Aber diese können nicht so aufgelöst werden, daß man versucht, alles zugunsten der einen Kompetenz, nämlich der Landesplanung, zu entscheiden. Und das scheint mir wird hier de facto vertreten. Wenn etwa argumentiert wird, man könne einzelne Punkte innerhalb einer Gemeinde beplanen, weil die Gebietsreform neue Gemeinden geschaffen habe, die in ihrer Größenordnung praktisch auf der Ebene des Kreises lägen, so daß man mit punktuellen Festsetzungen auf Gemeindegebiet nur das fortsetze, was bisher schon möglich war, dann ist das juristisch nicht zu halten. Denn unsere Verfassung spricht von den Kommunen oder den Gemeinden als selbständigen Einheiten. Wenn man eine Gebietsreform durchführt mit der Begründung, daß sie leistungsstarke Gemeinden — leistungsstark gerade im Hinblick auf die Planung — schaffen soll, dann muß man nachher auch planungsrechtlich die Konsequenzen daraus ziehen; sie wirken sich meines Erachtens hier sogar verfassungsrechtlich aus.

Man kann auch, glaube ich, nicht von einer Aufgabenmischung, also von einer gemeinsamen Aufgabe von Land und Kommune sprechen. Das läßt sich mit der verfassungsrechtlichen Strukturlage nicht vereinbaren, und mit dieser sind zahlreiche Konsequenzen verbunden, etwa für die Klagemöglichkeiten, die Verantwortungszusammenhänge usw. Deshalb halte ich die Entscheidung des Bundesverfassungsgerichtes, das sich in den Entscheidungen zur Finanzhilfe nach Art. 104a Abs. 6 GG mit dieser Frage im Bund-Länder-Verhältnis befaßte und hier im Grundansatz eine strenge Trennungslinie zwischen den Kompetenzträgern vertreten hat, für richtig.

Über diese Problematik kann man m.E. auch nicht hinwegkommen, indem man argumentiert, man helfe mit konkreten Landesplanungen nur den Gemeinden. Vorhin wurde als Beispiel die Standortplanung angeführt. Natürlich ist es nicht Sache der Gemeinden, einen Standort für Kernkraftwerke festzulegen, aber helfen tut man mit einer solchen Festlegung der Gemeinde sicherlich nicht. Denn unter Umständen werden damit ihre ganzen Strukturen und ihre Vorstellungen über die zukünftige gemeindliche Gestaltung gestört.

Ich will damit nicht sagen, daß gebiets- oder parzellenscharfe Planungen in jedem Falle unzulässig seien. Die Frage der Planungsschärfe ist, glaube ich, nur ein Indiz und kein — absolut zwingendes — Kriterium für eine unzulässige Beeinträchtigung der gemeindlichen Planungshoheit. Ich meine, man muß hier weitere, konkretere und operationale Kriterien finden. Immerhin zeigt die Schärfe einer planungsrechtlichen Ausweisung in der Regel an, wie stark in die gemeindliche Planungshoheit eingegriffen wird.

Erkennt man das an, dann ist es nicht nur aus verfassungsrechtlichen Gründen notwendig, sondern auch verwaltungswissenschaftlich zweckmäßig, gebiets- oder parzellenscharfe Ausweisungen möglichst zu vermeiden; denn je enger und je konkreter wir planen — das klang ja in dem Beitrag von Herrn LANGE meines Erachtens sehr schön und sehr deutlich an — desto unflexibler wird die gesamte Planung. Das sollte ein Planer, der sich zurecht an autonomen Kompetenzhindernissen stört, auch mit bedenken.

Ministerialdirigent Dr. Günter Brenken, Mainz

Ich will lediglich eine Bemerkung zu den Ausführungen von Herrn FISCHER machen. Ich meine, hier hat ein Mißverständnis vorgelegen. Es geht nicht so sehr um den Streit, ob die Landes- oder Regionalplanung parzellenscharf etwas festlegen kann. Das kann — ich glaube hierzu ist die Auffassung doch ziemlich einheitlich — sie grundsätzlich nicht tun; ausnahmsweise kann sie es dann, wenn durch die topographischen und sonstigen Verhältnisse eine ganz bestimmte Lage für eine aus raumordnerischen Zielen notwendige Anlage allein in Betracht kommt, wie es mit der mehr oder weniger nur nachrichtlichen Übernahme schon festgelegter Fachplanungen in den regionalen Raumordnungsplänen geschieht. SCHMIDT-ASSMANN hat diese Fälle zutreffend als eine Aussage nicht originärer Natur der Landesplanung gekennzeichnet, sondern im wesentlichen als eine Übernahme von Fachplanungen, die durch die gesetzliche Regelung der Paragraphen 37 und 38 Bundesbaugesetz geboten ist. Worum der Streit geht, ist eben nicht die parzellenscharfe Aussage, sondern die Frage, ob die Landesplanung begrenzt ist auf eine gemeindescharfe Aussage, d.h. auf eine Aussage, die an den Grenzen der Gemeinden aufhört und für die Gemeinde als solche lediglich eine Globalaussage enthält wie die Kennzeichnung als zentraler Ort, als Entwicklungsschwerpunkt oder ähnliches oder ob die Landes- oder Regionalplanung sogenannte „gebietsscharfe Aussagen" machen kann, d.h. ob sie innerhalb von Gemeinden etwa die Ortsteile bestimmen kann, die die Funktionen als zentraler Ort wahrnehmen sollen. M.E. ist dies der Landes- und Regionalplanung möglich, weil die Aussage auch dann immer noch Rahmencharakter hat, also der Ausfüllung im einzelnen durch die Gemeinde fähig ist.

Professor Dr. Arthur Bloch, Dortmund

Herr WEYL, ich bin nicht ganz mit dem einverstanden, was Sie zu den Bevölkerungsrichtwerten als Orientierungsdaten für die Raumplanung gesagt haben. Zustimmen kann ich Ihnen bei der Feststellung, daß ein wesentlicher Flächenbedarf für die zukünftige Siedlungsentwicklung der Gemeinden sich nicht aus dem Bevölkerungszuwachs ergibt. Das schließt aber nicht aus, daß über die Zuwachsrate der Bevölkerung auch ein gewisser Orientierungsrahmen für Flächendispositionen bestimmt wird.

Es geht bei Bevölkerungsrichtwerten aber nicht allein um die Frage nach dem zukünftigen Flächenbedarf der Gemeinden, es geht auch und wesentlich um die Infrastrukturplanung. Das gilt nicht nur für die Abwasserbeseitigung. Ich bin der Meinung, daß wir für die Infrastrukturplanung wie für die gemeindliche Entwicklungsplanung schlechthin mehr Daten benötigen als nur Angaben über die zukünftige Größenordnung der Bevölkerung. Wir brauchen zudem Orientierungswerte etwa für die zukünftige Altersstruktur der Bevölkerung der Gemeinden und zur Zahl und Struktur der Personen im erwerbsfähigen Alter. Das sind notwendige Anhaltspunkte, auf die der Planer nicht verzichten kann.

Ministerialdirigent Dr. Werner Buchner, München

Es steht noch immer die Frage im Raum, ob es sinnvoll ist, mit Richtzahlen zu arbeiten oder nicht. Im Lande Bayern ist diese Frage mit einiger Heftigkeit erörtert worden. Das Ergebnis lautet: Keine bindenden Richtzahlen!

Ausgangspunkt der Debatte ist doch zunächst einmal der Aspekt, inwieweit überhaupt ein schlüssiges, mathematisches Modell für Richtzahlen möglich ist. Da hat Herr WEYL völlig zurecht gesagt, daß zum Beispiel durch den Auflockerungsbedarf in einer Region ein zusätzliches Zahlenwerk zustande kommt, das sich nicht ohne weiteres in die Gesamtrichtzahlensituation eines Landes oder einer Region einfügen läßt. Hinzu kommt noch die Problematik der innerregionalen Wanderungen, die auch nicht einfach zu eliminieren sind und die ebenfalls das Modell dann beeinträchtigen.

Der zweite Gesichtspunkt ist von Herrn BLOCH angesprochen worden. Es ist die Frage, für wen das Zahlenwerk überhaupt von Bedeutung ist. Es zeigt sich mehr und mehr, daß generelle Bevölkerungszahlen wenig nützen. Wir Raumordner müssen ja Amtshilfe für alle möglichen Fachplanungen leisten. Und der Fachplaner benötigt nicht nur generelle Zahlen — oft hilft ihm die generelle Zahl überhaupt nicht, sondern stört ihn vielmehr und leitet ihn irre —, sondern er braucht Differenzierungen, etwa im Hinblick auf die Altersstruktur oder die berufliche Schichtung. Daß man so etwas nicht für verbindlich erklären kann, liegt auf der Hand. Daher auch aus diesem Aspekt heraus die Erwägung, Zahlenwerte nicht als verbindliche Vorgabe im Sinne eines Zieles, also einer Quasinorm einzustufen.

Als dritter Gesichtspunkt sei angemerkt, daß Richtzahlen sehr oft dem Mißbrauch unterliegen. Gerade Fachplaner neigen nämlich häufig dazu, statt mit eigenen Erwägungen mit Richtzahlen zu argumentieren, also eine Maßnahme nicht zuzulassen, etwa weil von Seiten der Gemeinden keine Richtzahlen mehr zur Verfügung stehen. Der Fachplaner erspart es sich, über sein eigenes Instrumentarium nachzudenken; er schiebt die Verantwortung auf sehr einfache Weise auf die Regional- und Landesplanung ab. Richtzahlen wird eine doppelte Bedeutung zugestanden: die Umverteilungs- und die Ordnungsfunktion. Zumindest eine dieser Funktionen entfällt in einer Situation stagnierender Entwicklungspotentiale. Umverteilungen erreicht man nicht mit Hilfe von Richtzahlen. Folglich bleibt nur die zweite Komponente, das Ordnungselement. Ordnungsfunktionen können aber besser durch die Summe mehrerer landesplanerischer Zielaussagen erreicht werden, wie zum Beispiel Beachtung der Freiräume oder Anbindung an die Entwicklungsachsen oder die zentralen Orte.

Ein letzter Gesichtspunkt, der auch angesprochen wurde, betrifft die Qualität solcher Zahlen. Wir wissen — gerade aus dem Gremium der MRKO —, daß man sich bundesweit bemüht, flexible Prognosemodelle zu erstellen. Es wäre sehr verdienstvoll, wenn der Raumplaner endlich in der Lage wäre, mit aktuellen Zahlen arbeiten zu können. Will man aber aus solchen Prognosemodellen Richtzahlen ableiten und diese für verbindlich erklären, benötigt man bei einer Änderung, die sich in der Prognose ergibt, eine mühselige Fortschreibung, wenn die Richtzahl selbst verbindlich ist. Aus alledem möchte ich meinen, man solle die Debatten um Richtzahlen endlich beenden.

Zur Anmerkung von Herrn FISCHER über die Planungsschärfe will ich nur einen Aspekt bringen, der sich auf den Bereich der Kartographie bezieht. Richtig ist, daß wir mit Maßstäben arbeiten, die Parzellenschärfe ausschließen. Es geht aber immer wieder auch darum, daß wir mit zeichnerischen Abgrenzungen arbeiten. Und allein die zeichnerische Abgrenzung läßt ja der Willkür Tür und Tor offen. Ich möchte das an einem Beispiel verdeutlichen.

Das Bundeswaldgesetz, das Bayerische Waldgesetz und das Bayerische Raumordnungsgesetz verpflichten uns durch die Instrumente der Raumplanung, Bannwald auszuweisen. Wenn wir einen Bannwald ausweisen und rechtsverbindlich im Regionalplan festlegen, dann können wir die zeichnerische Darstellung des Gebietes, das er umfaßt, mit einem dicken oder einem dünnen Strich vornehmen. Im Interesse der Verständlichkeit ist es häufig sinnvoll, mit dicken Strichen zu arbeiten.

Solche Striche laufen dann in der Regel an irgendwelchen natürlichen Gegebenheiten entlang; so kann im Falle des Bannwaldes eine Autobahn die Grenze darstellen. Der Fachplaner kommt und meint, er wäre mit der Verbindlicherklärung des Bannwaldes entlang der Autobahn niemals einverstanden, da der dicke Strich verhindere, daß irgendwann eine dritte Spur realisiert werden kann. Wenn wir jedoch so argumentieren, können wir bald aufhören, Regionalplanung zu betreiben. Wir dürfen uns nicht in parzellenscharfe Problemstellungen hineintreiben lassen. Der Raumordner legt mit einem dicken Strich eine globale Abgrenzung fest, und der Verordnungsgeber macht sodann parzellenscharfe Aussagen.

Die Frage der Parzellenschärfe beinhaltet also nicht nur ein Standortproblem, sondern ebenso erhebliche kartographische, zeichnerische Probleme.

Ich möchte noch kurz auf die Ausführungen von Herrn BROHM eingehen. In meinem Referat habe ich die Bedeutung gerade der Gemeinde aufgrund ihrer Eigenschaft als ursprüngliche Gebietskörperschaft, als Körperschaft mit sog. Allzuständigkeit ausdrücklich hervorgehoben; und ich rede der kommunalen Selbstverwaltung in hohem Maße das Wort. Man sollte jedoch „die Kirche im Dorf lassen".

Das öffentliche Recht und das Verfassungsrecht unterstellen als selbstverständlich, daß es keine Bestandsgarantie für die Gemeinde und natürlich einen Vorbehalt des Gesetzes gibt. Die Verwaltungsgerichte haben bei der Beurteilung von Maßnahmen der Gebietsreform in sehr hohem Maße immer wieder auf raumrelevante Erwägungen zurückgegriffen. Es sind eine ganze Fülle von Entscheidungen der Landes- und Bezirksregierungen nachträglich von den Verwaltungsgerichten damit gerechtfertigt worden, daß diese Um- bzw. Zugliederung oder Auflösung raumordnerisch begründet sei.

Eine Reihe von Entscheidungen wurde dadurch gehalten, indem die Auflösung einer Gemeinde bzw. die Zuordnung zu einer anderen Gemeinde damit gerechtfertigt wurde, daß die andere Gemeinde als zentraler Ort einer bestimmten Stufe einen bestimmten Umgriff brauche.

Zum Aspekt der Aufgabenmischung wäre zu sagen, daß man auch hier genau definieren sollte. Ich habe nicht gesagt, daß es sich um eine Gemeinschaftsaufgabe handelt. Sondern ich habe nur gesagt, daß es eine staatliche Aufgabe bleibt, welche den Kommunen als Körperschaft hier – zum Beispiel an der Regionalplanung – im übertragenen Wirkungskreis anvertraut wird. Daher sind sie hier nicht Träger der Selbstverwaltung, Träger der mittelbaren Staatsverwaltung, so wie andere Körperschaften, Anstalten und Stiftungen auch.

Als zweiter Gesichtspunkt kommt hinzu, daß außerdem eine Verbindlicherklärung nötig ist, damit überhaupt eine Quasirechtsnorm entsteht. Diese Verbindlicherklärung nimmt natürlich der Staat, die nehmen Ressorts vor.

Ich meine also, wir sollten bei aller Respektierung der kommunalen Selbstverwaltung nicht davon reden, daß man hier in die Nähe eines Verfassungsbruchs kommt. Man sollte auch von keiner Aufgabenmischung sprechen. Es handelt sich vielmehr um eine zu einem Mitwirkungsrecht ausgestaltete Teilhabe.

Verbandsdirektor Otto Goedecke, München

Herr Vorsitzender, meine Damen und Herren!

Es ist ein bißchen spät, aber vielleicht gelingt es mir, zu dieser späten Stunde noch „ein Wespennest anzustechen". Es geht ja um die Frage, haben sich die bestehenden Mitwirkungsrechte der Kommunen in der Raumordnung bewährt oder wie und in welcher Richtung können sie verstärkt werden? Aus bayerischer Entwicklung möchte ich die Frage stellen, müssen sie nicht unter Umständen beschränkt werden?

Ich möchte Ihnen sagen, warum. Herr Dr. BUCHNER hat heute in den Morgenstunden das bayerische Modell vorgestellt, das Modell der Mitwirkung der Kommunen in der Regionalplanung. Ein ausgezeichnetes Modell, wenn's funktioniert. Ich trage das Modell durch meine tägliche Arbeit seit Jahren; aber was passiert eigentlich, wenn die von Herrn BUCHNER genannte regionale Planungsnotwendigkeit de facto von den kommunalen Vertretern nicht anerkannt wird, wenn sie fahrlässig oder vorsätzlich torpediert wird, wenn die Kommunen die Regionalplanung nicht mehr mitmachen, d.h., wenn sie sich nicht mehr mit diesen Zielen identifizieren? Herr BUCHNER hat von einem schwierigen regionalen Gesamtkonsenz gesprochen. Was passiert, wenn dieser Konsenz nicht zustandekommt? Wir haben in Bayern, das ist jetzt nur ein Beispiel, noch keinen Regionalplan vorgelegt bekommen, obwohl wir das Landesentwicklungsprogramm seit 1976 haben und unsere Bezirksplanungsstellen mit Eifer daran arbeiten. Aber was machen Sie, wenn im Rahmen dieser kommunalen Mitwirkungsrechte ein Vorsitzender zu einer Stellungnahme in einem Raumordnungsverfahren, wo es zum Beispiel um eine Autobahnstraße geht oder um einen Kraftwerkstandort, den jeweiligen Kollegen im Rathaus oder im Landratsamt anruft und sagt: „Paßt Dir das, was dort die Regionalplanung als Stellungnahme vorschlägt?" Und der sagt natürlich: „Nein." Entsprechend negativ äußert sich dann auch der Vorsitzende.

Auf diese Weise können Sie natürlich jede überörtliche Planung torpedieren. Oder wenn Sie Vorschläge haben zu einzelnen Kapiteln des Regionalplans — erarbeitet auf der Basis des Landesentwicklungsprogramms — und dann ein Vorsitzender einen eigenen Entwurf einbringt, der sehr interesant ist, aber mit dem Landesentwicklungsprogramm nun wirklich nichts mehr zu tun hat. Die Frage ist bei uns, und vielleicht ergibt sich das in anderen Gegenden auch, wie weit kann man gehen, bis sich diese Mitwirkungsrechte der Kommunen ad absurdum führen, weil die Kommunen nicht mehr mitmachen. Die Frage muß ich stellen; die Entwicklung ist bei uns jedenfalls nicht abzuleugnen. Es wäre schade, wenn wir inayern dahinkommen müßten, daß man die kommunale Mitwirkung einschränken und die ja sehr breite Möglichkeit des Gegenstromprinzips aufgeben muß, weil eben in diesem Gegenstromprinzip von Seiten der Kommunen nur noch ein „Gegen" besteht.

Dr. Norbert Böhm, Viernheim

Herr Vorsitzender, meine Damen und Herren!

Wenn man die Frage: „Haben sich die bestehenden Mitwirkungsrechte der Kommunen bewährt?" beantworten will, so kann sich die Antwort ja immer nur beschränken auf das betreffende Land, aus dem man kommt, in dem man die Verhältnisse kennt. Wenn ich die Frage bejahend beantworte, so bezieht sich das auf Hessen, speziell auf die Regionale Planungsgemeinschaft Starkenburg, die südlichste Planungsregion in Hessen, bestehend aus vier Kreisen und der kreisfreien Stadt Darmstadt. Ich bin der Vorsitzende der Verbandsversammlung. Wir haben in Hessen insgesamt sechs Planungsregionen. Den Regionen obliegt die Aufstellung der regionalen Raumordnungspläne als Aufgabe nach Weisung. Die Landesregierung stellt dann die Pläne fest nach Behebung etwaiger Beanstandungen durch die Verbandsversammlungen. Die Raumordnung ressortiert in Hessen bei dem hessischen Minister für Landesentwicklung, Umwelt, Landwirtschaft und Forsten; bis 1978 gehörte sie zum Zuständigkeitsbereich der Staatskanzlei.

Nun, die kommunale Mitwirkung ist also meines Erachtens bei uns dadurch gewährleistet, daß ja die Abgeordneten der Verbandsversammlung gewählte Abgeordnete sind — wir haben in Starkenburg 47 Abgeordnete —; sie werden von den Kreistagen und der Stadtverordnetenversammlung Darmstadt aus deren Mitte gewählt, sie sind selbst Kreistagsabgeordnete und Stadtverordnete, also kommunale Vertreter. Außerdem haben wir ein sehr umfangreiches Anhörungsverfahren der Beschlußfassung durch die Verbandsversammlung vorgeschaltet. Dieses Verfahren der Aufstellung der Regionalpläne hat sich bewährt, es ist gut gelaufen, aber es soll geändert werden. Denn in der Koalitionsvereinbarung der Regierungsparteien von 1978 steht die Forderung nach Aufhebung der Regionalen Planungsgemeinschaften. Die Regionalplanung soll eingegliedert werden in die Behörde der Regierungspräsidenten, und man will dort einen Beirat bilden.

Der Hessische Landkreistag vertritt die Auffassung, man solle die Regionalplanung wieder zurückgeben an die Kreise, wie es früher einmal war. Wir, alle Planungsgemeinschaften, meinen aber, das gehe wohl nicht, da läge die Planung auf einer zu niedrigen Ebene; denn es gibt doch viele kreisgrenzenüberschreitende Probleme, die eben regional geregelt werden müssen, und zudem könnte auch — Herr Professor ERNST hat es vorhin erwähnt — eine kreisfreie Stadt, wie bei uns die Stadt Darmstadt, ja keinen regionalen Plan aufstellen. Zu der Regierungsabsicht, die Planung aufzuhängen beim Regierungspräsidenten, haben alle Planungsgemeinschaften einhellig gefordert, daß es nicht bei einem Beirat bleibt, wie er vorgesehen ist, sondern es eine echte kommunale Vertretung gibt, so wie sie bisher bestanden hat in Gestalt der Verbandsversammlungen. Wir haben auch zustimmende Antworten von allen Landtagsfraktionen bekommen.

Wenn ich also die Frage 2 beantworten soll, wie und in welcher Richtung die kommunale Mitwirkung verstärkt werden könnte, so möchte ich mich darauf beschränken, zu sagen, man solle die bisherige Regelung, also mit kommunaler Vertretung, meinetwegen beim Regierungspräsidenten, beibehalten, zumindest die kommuale Mitwirkung nicht einschränken.

Wenn ich diese Bitte äußere, dann insbesondere in Richtung auf die hier anwesenden Vertreter der hessischen Staatskanzlei, des hessischen Innenministers und des Ministers für Landesentwicklung, Umwelt, Landwirtschaft und Forsten.

Ministerialdirigent Dr. Werner Buchner, München

Ich möchte einige kurze Hinweise zu den Aussagen von Herrn GOEDECKE geben.

Es ist richtig, daß Partnerschaft noch nicht überall und in dem erforderlichen Maße anzutreffen ist. Die sehr pessimistische Aussage von Herrn GOEDECKE beruht allerdings auf den Besonderheiten der personellen und fachlich-technischen Verhältnisse der Region München, einer besonders wichtigen aber auch schwierigen Region. Rein stimmenmäßig hat die Landeshauptstadt München allein schon einen Anteil von 40%. Es geht ja immer nur darum, zu überlegen, ob man ein System, das Schwächen aufweist, verwerfen oder verbessern soll. Wir werden im Wege der Änderung des Landesplanungsgesetzes versuchen, Verbesserungen zu erreichen. Es ist vielleicht in diesem Zusammenhang auch ein Aufruf an die innere Verwaltung zu machen. Die Regierungspräsidenten sollten sich vielleicht mit ihren Mitarbeitern und mit der Verwaltungskraft ihrer Behörde dazu bekennen, nicht mit esoterischem Abstand den Bezirksplanungsstellen und der höheren Landesplanungsbehörden im eigenen Haus gegenüberzustehen, sondern ihnen zu helfen. Bei einem krassen Fehlverhalten von Verbandsorganen wird auch die Fach- und Rechtsaufsicht eingreifen müssen. Ein Problem aber bleibt mein Erachtens immer bestehen — und das ist heute mehrmals besprochen worden —, daß nämlich Teilhabeformen eben immer in die Vorstellung vom imperativen Mandat hineinwachsen. Wenn ein kommunaler Mandatsträger, etwa ein Landrat, im Planungsausschuß sitzt, ist er gehalten, regionsweite Ergänzungen anzustellen, die sehr oft gegen die Interessen seiner eigenen Kommune stehen können. Und es ist ein langer Weg der Bewußtseinsbildung, daß jemand, der im öffentlichen Leben steht, aus der einen Funktion heraus eine andere Haltung einnehmen muß als aus einer anderen Funktion heraus. Es muß ja auch ein Kabinettsmitglied irgendwann eine Haltung einnehmen, die nicht unbedingt der Meinung seiner Fraktion entspricht.

Die Häufungen von Funktionen sind im öffentlichen Leben Gang und Gebe, und da muß eben eine Bewußtseinsbildung einsetzen gegen das Denken im imperativen Mandat. Das ist schwierig, weil der Vertreter in seiner Kommune wiedergewählt werden möchte und weil meistens Entscheidungen anstehen, bei denen einige Kommunen Opfer bringen müssen, wie etwa bei Standortentscheidungen. Ich meine also sagen zu können, daß Schwächen da und dort im System der Organisation der Regionalplanung zu entdecken sind, daß aber durch gesetzgeberische und andere Maßnahmen versucht werden kann, diese Schwächen nach Möglichkeit zu eliminieren; man sollte nicht gleich nach einer Alternative suchen. Eine Alternative sehe ich nicht.

III. Zusammenfassung

Beigeordneter Dr. Hans-Jürgen von der Heide, Bonn

Herr Präsident, meine Damen und Herren!

Ich glaube, daß dieser heutige Nachmittag bewiesen hat, wie aktuell das Thema ist, das dieses Jahr der Wissenschaftlichen Plenarsitzung der Akademie für Raumforschung und Landesplanung zugrunde gelegt wurde. Die Diskussion hat mich auch in der Überzeugung gestärkt, daß dieses Thema auch noch das nächste Jahrzehnt von aktueller Bedeutung sein dürfte.

Besonders hervorheben möchte ich die in der Diskussion von allen Seiten gezeigte Bereitschaft zu guter Kooperation. Partnerschaft zwischen den Behörden der Landesplanung und den kommunalen Gebietskörperschaften ist das Gebot der Stunde. Die kommunale Seite — für die ich hier spreche — ist zu dieser Partnerschaft bereit. Für die Vertreter der Landesplanung hat Ministerialdirigent Dr. BUCHNER diese Bereitschaft zur Partnerschaft eben noch einmal unterstrichen.

Allerdings muß ich für die kommunale Seite darauf hinweisen, daß die notwendige Integration der neuen kommunalen Körperschaften in Gemeinde, Stadt und Kreis noch nicht überall vollzogen ist. Vielerorts muß man sich erst noch richtig zusammenfinden, bevor die wichtigen Entscheidungen über die Gemeinde- und Kreisentwicklung der Zukunft sachgerecht getroffen werden können. Das braucht vor allem bei Großgemeinden mit vielen Siedlungskörpern seine Zeit. Aber so mancher Kreis steht hier noch vor einem großen Problem.

Wesentliche Fragen der inneren Entwicklung der neuen Gemeinden und ihrer Integration sind offensichtlich noch keineswegs in ihrer vollen Bedeutung erkannt, geschweige denn erforscht. Dies gilt z.T. auch für Fragen des Wahlverhaltens aber auch für Bereiche, die heute noch gar nicht zur Sprache gekommen sind, etwa den Ausbau des öffentlichen Personennahverkehrs, um nur eines der Themen zukünftiger Überlegungen zu nennen.

Die Vorträge und die Diskussion — so konträr auch manchmal die Standpunkte waren — haben die Schwierigkeiten verdeutlicht, vor denen die Landesplanung und Raumordnung heute steht. Ich meine aber, daß die diesjährige Tagung einen guten Beitrag leistet, hier Konfliktstoff abzubauen. Wir sind in der Erkenntnis der beiderseitigen Position einen großen Schritt vorangekommen. Die morgigen Sitzungen der Sektionen werden ihrerseits weiterhelfen, weitere Erkenntnisse zu gewinnen.

Ich glaube jedenfalls, Herr PRÄSIDENT, daß auch die Akademie im nächsten Jahrzehnt nicht an Arbeitsmangel zugrunde gehen wird; im Gegenteil, sie wird notwendiger denn je sein.

Schlußwort des Präsidenten der Akademie für Raumforschung und Landesplanung, Ministerialdirigent a. D. Dr. Klaus Mayer, München

Meine sehr verehrten Damen und Herren!

Nach der Zusammenfassung der Diskussion des heutigen Nachmittages und der Referate des Vormittages durch Herrn Dr. VON DER HEIDE verbleibt mir nun noch die angenehme Aufgabe, Dank zu sagen. Ein sehr herzlicher Dank gilt den Diskussionsrednern und den Referenten; ein gleicher Dank gilt Ihnen allen, die Sie zu unserer Wissenschaftlichen Plenarsitzung 1979 erschienen sind. Wir hoffen, daß Sie aus dieser Tagung Informationen und Erkenntnisse für Ihre weitere Arbeit mitnehmen können. Ein sehr herzlicher Dank gilt der Bayerischen Staatsregierung, die uns heute abend noch einen Empfang geben wird. Ein gleicher Dank gilt dem Staatsministerium für Landesentwicklung und Umweltfragen und ebenso der Stadt Augsburg, die uns beide bei der Vorbereitung und Durchführung dieser Tagung vielfältige Unterstützung haben zuteil werden lassen. Ein besonders herzlicher Dank gilt der Leitung des Hauses St. Ulrich, in dem wir so gastliche Aufnahme gefunden haben, und ein letzter Dank gilt dem Sekretariat der Akademie, das die Vorbereitungen und die Durchführung dieser Tagung getragen hat.

Ich schließe hiermit die Wissenschaftliche Plenarsitzung der Akademie für Raumforschung und Landesplanung im Jahre 1979.

Forschungs- und Sitzungsberichte
der Akademie für Raumforschung und Landesplanung

Band 123 (16. Wissenschaftliche Plenarsitzung):

Entwicklungsmöglichkeiten künftiger Siedlungsstrukturen

Aus dem Inhalt:

		Seite
	Zum Geleit	VII
Hans-Gerhart Niemeier	Begrüßung und Einführung	1
Eberhard Kuhlenkampff	Begrüßung namens des Senats der Freien und Hansestadt Bremen	6
Hans Pflaumer	Begrüßung im Namen des Bundesministers für Raumordnung, Bauwesen und Städtebau	9
Heinz Müller	Referat: Sozioökonomische Grenzen des raumordnungspolitischen Handlungsspielraumes	11
Bruno Dietrichs	Referat: Konzeptionelle Ansätze zur Entwicklung der Raum- und Siedlungsstruktur	23
	Diskussionsbemerkungen	39

Der gesamte Band umfaßt 71 Seiten; Format DIN B 5; 1978; Preis 30,– DM.

Auslieferung

HERMANN SCHROEDEL VERLAG KG · HANNOVER

Forschungs- und Sitzungsberichte
der Akademie für Raumforschung und Landesplanung

Band 131 (17. Wissenschaftliche Plenarsitzung):

Die ökologische Orientierung der Raumplanung

Aus dem Inhalt:

		Seite
	Zum Geleit	1
Hans-Gerhart Niemeier	Begrüßung und Einführung	2
Albert Wagner	Begrüßung im Namen des Ministeriums für Umwelt, Raumordnung und Bauwesen des Saarlandes	6
Hans Pflaumer	Begrüßung im Namen des Bundesministers für Raumordnung, Bauwesen und Städtebau	8
Günter Niedner	Begrüßung im Namen der Stadt Saarbrücken	10
Wolfgang Haber	Referat: Raumordnungskonzepte aus der Sicht der Ökosystemforschung	12
Karl Ganser	Referat: Realisierbarkeit umweltverträglicher Raumordnungskonzepte	25
Gottfried Schmitz	Referat: Integrierbarkeit landschaftsökologischer Ziele in der Regionalplanung	36
Hans Kiemstedt	Referat: Methodischer Stand und Durchsetzungsprobleme ökologischer Planung	46
Konrad Buchwald	Thesenpapier: Thesen zur Wissenschaftlichen Plenarsitzung „Die ökologische Orientierung in der Raumordnung"	63
	Diskussionsbericht	66
Hans-Gerhart Niemeier	Schlußwort	69
	Rede des Ministers für Umwelt, Raumordnung und Bauwesen, Günter Schacht, Saarbrücken, anläßlich des Empfanges der Landesregierung	72

Der gesamte Band umfaßt 75 Seiten; Format DIN B 5; Preis 32,– DM.

Auslieferung

HERMANN SCHROEDEL VERLAG KG · HANNOVER